ココミル

cocomiru

函館

すてきな思い出
作りましょ♪

函館ハリストス正教会(P20)の向こうに広がる函館港

異国の風薫る、港と坂の町あるき

左：五稜郭など観光地がデザインされたマンホールのふた、右：函館塩ラーメン(P86)
下左から：ティールーム ヴィクトリアンローズ(P29)、ラッキーピエロマリーナ末広店(P43)、外国人墓地(P32)

金森赤レンガ倉庫(P44)から
函館山(P34)を望む

上：函館山からの
夜景(P34)、右：
カトリック元町教
会の聖母マリア像
(P21)

函館山からの夜景、
歴史を刻む赤レンガ倉庫、
美しい五稜郭を見に出かけましょう。

五稜郭タワーからの
眺め(P54)

左から：茶房 旧茶屋亭(P49)、八幡坂からの眺め(P24)、五稜郭公園と五稜郭タワー(P54)

地元で愛される名店 王将寿し(P76)

本場のイカが味わえる
海鮮処 函館山
(P74)

朝市お食事処
道下商店(P62)の
うにいくらあわび丼

朝市の海鮮に
函館スイーツ

上・右：新鮮なカニや魚など、海
の幸が並ぶ、函館朝市の風景
(P60)

cafe 海と硝子
(P28)のちょう
ちょうクレープ

フランス菓子
ペシェ・ミニヨンの
アンシャンテ(P85)

ティールーム・ヴィクトリアンローズ(P23)

とうふ白玉・パフェと
抹茶のセット
茶房 菊泉(P26)

あずき白玉パフェ
茶房ひし伊(P26)

4

高台に建つ トラピスチヌ修道院(P68)

桜の名所 松前城(P108)

大沼公園でカヌー
体験(P105)

足をのばして
自然や歴史と出あう

旧檜山爾志郡役所(江差町郷土資料館)
(P111)

荒々しい岩肌が間近に見える恵山(P112)

江差の
軍艦 開陽丸(P111)

函館ってどんなところ?

異国情緒あふれる街に
みどころがぎゅっと詰まっています

津軽海峡に突き出た函館山山麓に広がる港町。日本初の国際貿易港の一つとして開港した函館は、いち早く西洋文化の影響を受けたため、街に教会（☞P20）や洋館（☞P22）をはじめ、和洋折衷住宅（☞P38）が点在。日本海と津軽海峡に囲まれた立地から、豊富な海の幸グルメにも出合えます。

元町に立つ函館ハリストス
正教会（☞P20）

ロマンチックなクリスマス
の季節（☞P37）

おすすめシーズンはいつ?

初夏〜夏は散策に最適
冬にはイルミネーションが

函館の春は5月ころから。五稜郭公園（☞P52）では、満開の桜が出迎えてくれます。さわやかな気候の函館は、初夏から夏が散策にぴったり。函館の名産である真イカ漁も、8月に最盛期を迎えます。そして雪化粧とイルミネーションに輝く冬は、最も北海道らしい季節。1年を通して魅力たっぷりです。

函館へ旅する前に
知っておきたいこと

ノスタルジックな街並み、絶対食べたい函館グルメ、
人気ショッピングスポット、話題のカフェなど、
要チェックの観光ポイントを、少し予習しておきましょう。

初めての函館ではずせないのは？

教会や洋館がある街並みを歩く
ミシュラン三つ星の夜景は絶対です

初めて行くなら、函館でしか見られない景色を目に焼き付けましょう。歴史あるエリア、元町やベイエリアに立つ教会や洋館を眺めたら、坂の上から函館港を一望。1日の締めくくりには、ミシュランで三つ星に輝いた函館山からの夜景（☞P34）がぴったりです。

世界三大夜景の一つにも数えられる、函館山の夜景

函館朝市では、購入前に試食ができる

函館らしい体験をするなら？

港町ならではの体験！
函館朝市をぶらりお買い物

全道各地から「おいしい」が集結する函館朝市（☞P60）。市場に並ぶ旬の海産物や野菜をチェックしたり、お店の人との会話を楽しみましょう。朝6時ころからショッピングが楽しめますが、午後にはシャッターが閉まる店も多いため、注意。お腹が減ったら、函館朝市内のどんぶり横丁（☞P62）へ。

ぜひ味わいたいのは？

函館といえばやっぱりイカ
多彩なメニューで味わえます

目の前に広がる津軽海峡でほぼ1年中水揚げされる函館のイカは、肉厚で身が引き締まっています。生きたイカをその場でさばく活イカ刺しは必食です。海鮮料理を得意とする居酒屋（☞P78）では、イカのメンチ揚げや黒米で作るイカ飯など、さまざまなアレンジ料理も楽しめます。

新鮮なイカを存分に楽しめる活イカ刺し。海鮮処 函館山（☞P74）

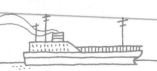

出発ー！

10:00 函館駅

旅の起点は函館駅。飛行機なら函館空港からバスで約20分。新幹線なら新函館北斗駅からはこだてライナーで約15分。

10:30 元町

ハイカラな建物

坂道を上り、元町エリアへ。函館を代表する歴史的建造物、旧函館区公会堂（☞P22）。

元町公園から港を見下ろしたら、和洋折衷の建物、旧イギリス領事館（☞P23）へ。

教会を見ながら坂の上を移動したら、老舗洋食店、五島軒本店（☞P80）でランチを。

14:00 ベイエリア

坂を下ればベイエリア。港のまわりの金森赤レンガ倉庫（☞P44）でショッピング。

すぐ近くには、元郵便局だったこちらもレンガの建物、はこだて明治館（☞P46）も。

個性的なカフェも函館の魅力。大正期のサロンを再現した旧茶屋亭（☞P49）でひと息。

18:30 函館山

キラキラ！

函館観光のハイライト、世界三大夜景の一つ、函館山からの夜景（☞P34）にうっとり。

新鮮なネタばかり

21:00 函館駅周辺

イカ、ウニ、イクラ。どれも食べたいから、今夜はぜいたくして祐鮨（☞P76）へ。

地元の人との交流も楽しい駅近の大門横丁（☞P64）で、函館の夜あそびは決まり！

おやすみ…

23:00 お宿

駅や朝市に近いプレミアホテル-CABIN PRESIDENT-函館（☞P98）だから、とっても便利。

8:00 朝市

素泊まりにして、朝ごはんは函館朝市のどんぶり横丁（☞P62）で海鮮丼を。

2泊3日
とっておきの函館の旅

外国との玄関口として栄えた港町・函館。
歴史もグルメもハイカラな旅情も満喫して、
北海道ならではの自然も体験する充実コースです。

11:00 大沼

おみやげも函館朝市（☞P60）で。宅配してくれるので便利。テイクアウトグルメも充実。

函館駅からレンタカーで大沼（☞P104）へ。北海道のアウトドアを楽しもう。

ボリューミーランチ！

湖畔を散策したら、カントリーキッチンWALD（☞P106）でランチを。

14:00

大自然にワクワク

イクサンダー大沼カヌーハウス（☞P105）で、カヌーにチャレンジ！

18:00 お宿

大沼みやげは、明治38年からある老舗・沼の家（☞P107）の大沼だんごを。

今日は海辺の温泉宿へ。湯の川プリンスホテル渚亭（☞P102）でゆっくりしよう。

3日目

10:00 五稜郭周辺

温泉で気分もすっきり！五稜郭公園（☞P52）で、幕末観光をバッチリ決めたい。

五稜郭を見下ろすよ

まずは五稜郭タワー（☞P54）に上って、星型の城郭を確認しよう。

14:00 函館駅周辺

五稜郭の中心に立つ箱館奉行所（☞P55）は、江戸時代の資料を元に再現された。

函館塩ラーメンの有名店・函館麺厨房あじさい 本店（☞P86）は五稜郭エリア。

おいしそー！

スイーツも充実している函館。駅前の函館洋菓子スナッフルス（☞P84）でテイクアウト。

みやげは、ネバネバが体にいいがごめ昆布。まるごと北海道ストア えぞりす byねばねば本舗（☞P91）で。

せっかく遠くへ来たのだから…

4日目はひと足のばしてみませんか？

桜の名所
城下町・松前へ

桜の名所として知られる松前は、北海道唯一の城下町。福山城（松前城）や寺町など、歴史あるみどころをのんびり巡ろう（☞P108）。

風情たっぷりの
江差へ行きたい

ニシン漁で栄えた時代の歴史的建造物が残る街並みへ。幕末好きにはたまらない、幕末の軍艦 開陽丸記念館もオススメ（☞P111）。

ココミル✛
cocomiru

函館

Contents

●表紙写真
海鮮丼（P62）、函館市電（P16）、八幡坂
（P24）、函館山からの夜景（P34）、函館塩ラ
ーメン（P86）、金森赤レンガ倉庫（P44）、大
沼公園（P104）、函館ハリストス正教会（P20）、
五稜郭公園（P52）

〈マーク〉

- 観光みどころ・寺社
- プレイスポット
- レストラン・食事処
- 居酒屋・BAR
- カフェ・喫茶
- みやげ店・ショップ
- 宿泊施設
- 立ち寄り湯

〈DATAマーク〉

- 電話番号
- 住所
- 料金
- 開館・営業時間
- 休み
- 交通
- 駐車場
- 室数
- MAP 地図位置

桜のピンク色が星形を際立たせる五稜郭公園
(P50)

夏空の空中散歩を楽しむ函館山ロープウェイ
(P34)

ショッピングなら金森赤レンガ倉庫
(P44)

函館観光には市電が定番
(P16)

陽光と桜が織り成すトラピスチヌ修道院の春
(P68)

快適旅に有効な
北海道新幹線

紅葉の名所・香雪園(見晴公園内)
(MAPP121D1)

函館市熱帯植物園の冬はサルが湯浴みを
(P101)

日本料理 冨茂登のカニすき鍋
(P83)

街並み、坂道、ベイエリア、歴史スポット。函館観光に出かけましょう

朝起きたらまず朝市。話題のカフェやショップを巡ったら、歴史的建造物が立つ街を散歩しましょう。クライマックスは、なんといっても函館山からの夜景。朝から晩まで楽しめるスポット満載！

フランス菓子 ペシェ・ミニヨンのアンシャンテ
（P85）

光が瞬く「はこだてクリスマスファンタジー」
（P37）

函館って こんなところ

エリアごとに魅力いっぱいの函館。
プランを立てて効率的に回りましょう。

観光のみどころは 4エリア

函館の主要な観光エリアは元町、ベイエリア、函館駅周辺、五稜郭周辺の4エリアで、各エリア間は市電で結ばれている。また、ほとんどのみどころが市電の駅（電停）から徒歩圏内にあり、エリア内の移動は徒歩で充分。同じ日にエリアをまたいで移動をするなら、市電の1日乗車券（☞P16）の購入がおすすめ。

観光の前に情報集め

JR函館駅構内にある函館市観光案内所は、観光の相談に応じてくれるほか、タウンマップなども置かれている。

問合せ 函館市観光案内所 ☎0138-23-5440

函館山から望む市内全景

もとまち
元町 ①

・・・P18

函館山の麓に、歴史的な教会や洋館、寺院が点在している。異国情緒漂う街並みが人気の観光エリア。

国の重要文化財・
函館ハリストス正教会

N
1km

新函館北斗駅へ→
227
←大沼へ
港町
函館本線
⑤ 五稜郭駅
五稜郭町

函館駅周辺 ③

函館港

ベイエリア ②

函館駅
函館
駅前
松風町

外国人墓地
大町
函館
どつく
前
末広町
市役所前
279
十字街
① 元町

函館山
ロープウェイ
函館山
谷地頭

立待岬

大鼻岬

港町らしい風景が
見られる

べいえりあ
ベイエリア ②
・・・P40

金森赤レンガ倉庫やはこだて海鮮市場、はこだて
明治館など、人気のショッピングスポットが集ま
る。古い建物を利用したカフェも要チェック。

函館朝市に並ぶ、函館名物のイカ

おしゃれなカフェも多い

大門横丁に灯る赤ちょうちん

金森赤レンガ倉庫と函館山

七重浜へ
亀田川
山の手
日吉IC

④ 五稜郭周辺
・五稜郭タワー
花園町
五稜郭公園前
函館市電
南茅部へ
トラピスチヌ
修道院
湯の川
函館空港IC
湯川町

278
湯の川温泉
函館空港

津軽海峡
汐首岬・恵山へ

はこだてえきしゅうへん
函館駅周辺 ③
・・・P58

早朝から海鮮みやげ探し、新鮮な海の幸グル
メが楽しめる函館朝市は港町ならでは。
駅から徒歩圏内に大門横丁もある。

ごりょうかくしゅうへん
五稜郭周辺 ④
・・・P50

箱館戦争の舞台となった、五稜郭を中心と
したエリア。五稜郭タワーや箱館奉行所は、
必ず訪れたい観光スポット。

桜が咲くころの五稜郭

五稜郭タワーからの眺め

函館観光は市電・バスを活用しよう

函館市街は、路面電車（市電）が運行されていて動きやすい。バスは、「元町・ベイエリア周遊号」や「五稜郭タワー・トラピスチヌ シャトルバス」などが利用しやすくおすすめ。

▲明治時代の車両を復元した箱館ハイカラ號。4月中旬から10月の土・日曜、祝日に、駒場車庫前〜函館どつく前・谷地頭を1日3往復。

 ## 市電が大活躍。おトクな乗車券を使って

1回乗車　210〜260円

湯の川〜函館駅前〜十字街〜谷地頭間の②系統と、十字街から分岐、函館どつく前までの⑤系統の2路線。日中は8〜16分間隔で運行。始発は6〜7時、終電は21時40分〜23時ごろ。乗車は中扉からで整理券を取り、降車時に運賃を支払い前扉から下車。おもな交通系ICカードも使用できる。

問合せ 函館市電 ☎0138-52-1273

おトクな乗車券

- ●市電1日乗車券…… **600円**
- ●市電・函館バス
  - 1日乗車券…… **1000円**
  - 2日乗車券…… **1700円**
- ●函館バス専用1日乗車券「カンパス」…… **800円**

上記のチケットはスマホ型乗車券のみの販売となり、WEBアプリ「DohNa!!」から購入できる（市電1日乗車券は、車内などでも紙の乗車券も販売）。

エリア限定　「はこだて旅するパスポート」

JR函館駅〜森駅間と道南いさりび鉄道全線、函館バス、函館市電が乗り降り自由になるフリー乗車券。さらに、提携観光施設で特典が受けられる。新函館北斗駅や函館駅などで購入できる。

- ●1日間… **2690円**
- ●2日間… **3650円**

問合せ JR北海道（電話案内センター）☎011-222-7111

 ## 主要観光スポットへは周遊・シャトルバスが便利

函館駅前バスターミナルを中心に、観光スポットを結んで市内循環バスやシャトルバスが運行。いずれの周遊・シャトルバスも、「市電・函館バス共通1日・2日乗車券」が利用できる。

観光に便利なバス

 ●函館バス ☎0138-22-8111　●函館山ロープウェイ ☎0138-23-3105

系統	周遊・シャトルバス名	ねだん	運行時間	内容
①	函館山登山バス	片道500円	函館駅前発15時40分〜20時の20分ごとに運行※4月10日〜11月12日運行	函館駅から函館山山頂まで直通運行
②	函館山ロープウェイ接続シャトルバス	片道240円	1日6〜7便函館駅前発 17時55分〜21時05分※10月22日〜翌年4月下旬は20時35分発まで	函館駅前からロープウェイ山麓駅までを10分で結ぶ※ロープウェイ運休日はシャトルバスも運休
③	元町・ベイエリア周遊号	1回乗車210円	函館駅前発9時〜17時40分の40分ごとに運行	函館駅前から金森赤レンガ倉庫、元町、函館山ロープウェイ山麓駅などを33分で循環
⑤	五稜郭タワー・トラピスチヌシャトルバス	220〜300円	函館駅前発 9時15分 〜 14時15分1時間ごとに運行	函館駅前→五稜郭タワー（15分／240円）→トラピスチヌ修道院（37分／300円）→函館空港（47分／300円）※（ ）内は函館駅前からの所要時間・ねだん

（2023年4月現在）

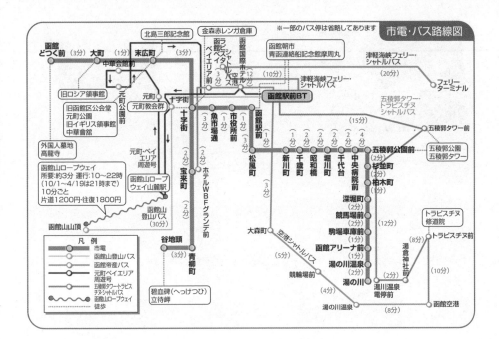

🌐 そのほかの移動手段

函館市内での主なエリア間移動は市電の利用がメインとなるが、目的に合わせてタクシー、レンタサイクルも組み合わせて自分にあった旅のスタイルを探しましょう。

自転車を利用して

電動アシスト付きのレンタサイクル「はこりん♪」なら坂道の多い元町エリアでも楽に移動できる。函館駅前で借りられるので、とても便利。台数に限りがあるので予約を忘れずに。

 キラリス函館1階「えぞりす」 ☎0138-27-4777
DATA ¥ ～4時間1430円、1日2090円（営業時間内）、朝割880円（12時30分までに返却）、自転車総合保険付 ⏰3月18日～11月23日の10時～17時30分 休冬期

観光タクシー

定番から穴場までさまざまなコースがあり、函館を知り尽くしたドライバーがディープな函館を案内します。

●函館山夜景＆ライトアップ観賞コース
函館山から夜景観賞後、ライトアップされた元町の教会や洋館を巡る。所要1時間30分、4月中旬～11月上旬に運行で料金は9360円（小型タクシー4人乗り）～。

●函館市内観光3時間コース
元町や五稜郭など函館市内で行きたいスポットを中心に自由にプランが決められる。通年実施で、料金は1万8720円（夏期・小型タクシー4人乗り）。4～6時間コースもあり。
 函館タクシー ☎0138-51-0168

💡 プランニングのヒント

市電やバスを乗り継ぐなら

函館市電で谷地頭方面から函館どつく方面には直通便がないので、十字街電停で乗り換えになる。現金払いの場合は乗換券をもらい、次の電車に投入する。交通系ICカードの場合はタッチするだけで精算される。別々に運賃を払うよりも安くなる。

また、市電⇔函館バスには乗り継ぎ制度があり、割引の運賃になる。こちらは、ICAS nimoca（イカすニモカ）以外の交通系ICカードは適用外なので、現金払い（乗継券）のほうがお得になる。乗り継ぎできる停留所は、函館駅前、五稜郭公園前、深堀町、湯の川。詳しくは、函館市電や函館バスのホームページで確認を。

これしよう！
ミシュラン三つ星の
夜景をディナーで

函館山山頂駅にある展望
レストラン ジェノバでディ
ナーを。(☞P35)

これしよう！
坂道の上から
港を眺めよう

八幡坂をはじめ、港を眺
められる坂が多いのも魅
力の一つ。(☞P24)

これしよう！
異国情緒漂う
教会へ行こう

歴史ある教会ははずせない
(☞P20)。夜のライトアッ
プもおすすめ。(☞P36)

各教会に施さ
れた装飾にも
注目

坂道の途中
にも、ふらり
と寄りたくな
るカフェが

ハイカラな街並みを歩くならこのエリア

元町
もとまち

こんなところ

函館山の麓に広がる元町は、歴史ある教会
や洋館が点在する異国情緒漂うエリア。フ
ォトジェニックな街並みは散策にぴったり
で、映画やCMのロケ地に使われることも
多い。坂の上から見渡す函館港や、函館山
から望むミシュラン三つ星の夜景など、ビ
ュースポットも要チェック！

access

●函館駅から
【市電】
・電停函館駅前から約5分、電
停十字街下車
・電停函館駅前から約8分、
電停末広町下車
●函館空港から
【バス】
JR函館駅までシャトルバスで
約20分。函館駅からは市電
か函館バス「元町・ベイエリア
周遊号」で約17分、元町下車

問合せ☎0138-23-5440
函館市観光案内所

～元町 はやわかりMAP～

函館港

JR函館駅へ

元町

函館市電

日和坂付近には
レトロなショップが
日和坂を上った先に
ある、古建築を利用
したお店でひと休み。

函館市
北方民族資料館

東浜桟橋前

GOAL

函館
西波止場

函館市
旧イギリス領事館
(開港記念館)
(☞P23)

6

元町公園前

末広町

函館市文学館

元町公園

旧イギリス領事館

旧相馬邸

ラッキーピエロ
ベイエリア本店前

3 八幡坂
(☞P24)

279

日本基督
教団函館教会

元町

START

魚市場通へ

海峡通

十字街

函館市電

5 旧函館区公会堂
(☞P22)

函館西高

真宗大谷派
函館別院

宝来町へ

ロープウェイで
山頂へ！

ゴンドラから望む景
色もおすすめ。山頂
まで3分ほど。

茶房 菊泉
(☞P26)

4

函館
聖ヨハネ教会

1 カトリック元町教会
(☞P21)

2 函館ハリストス正教会
(☞P20)

山麓駅

観光のヒント

教会の見学時は
マナーを守って！

教会の内部を見学したい場合は、
各教会へ事前に問い合せてから。
教会内部での写真撮影は禁止さ
れているので注意しよう。

0　　N　　100m

函館山ロープウェイ

ホテル
函館山

函館護国神社

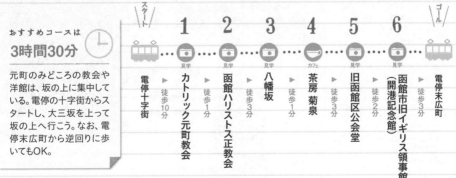

スタート

おすすめコースは
3時間30分

元町のみどころの教会や
洋館は、坂の上に集中して
いる。電停の十字街からス
タートし、大三坂を上って
坂の上へ行こう。なお、電
停末広町から逆回りに歩
いてもOK。

	1	2	3	4	5	6	ゴール
	見学	見学	見学	カフェ	見学	見学	
電停十字街	カトリック元町教会	函館ハリストス正教会	八幡坂	茶房 菊泉	旧函館区公会堂	函館市旧イギリス領事館(開港記念館)	電停末広町
	徒歩10分	徒歩1分	徒歩3分	徒歩1分	徒歩3分	徒歩2分	徒歩3分

元町で出合う
美しい教会にうっとり

厳かな雰囲気の教会が静かにたたずむ、元町。
異国情緒漂う街にぴったりな、祈りの場を訪れてみましょう。

クーポルに、ロシア正教会独特の十字架が飾られている

アーチ形の窓はビザンチン様式でのデザイン

はこだてはりすとすせいきょうかい
函館ハリストス正教会

港を見下ろす高台に位置する
白とグリーンの瀟洒な教会

万延元年（1860）に建立されたロシア領事館付属聖堂が発祥の東方正教会。最初の教会は明治40年（1907）の大火で焼失し、大正5年（1916）に再建。正面玄関上の八角形の鐘塔の鐘は、平成8年（1996）、環境庁（現在は環境省）「日本の音風景100選」に認定。

☎0138-23-7387 🏠函館市元町3-13
💴拝観献金200円 🕙10〜17時（土曜は〜16時、日曜は13〜16時）🈂無休（1〜3月は不定休。教会行事の場合は見学不可）🚃電停十字街から徒歩12分 🅿なし
ⓂⒶⓅP124A2

▶両面にハリストスが描かれており、片面は復活もう一方の面は十字架上のハリストスとなっており「十字行」の行進の際に持ち出される。

▶上4枚はロシアイコン、最下段2枚が山下リンによるイコン

▲イコンは符号などが記されているのが特徴で正面のイコノスタス（聖障）のイコンはロシアで描かれ、日本語の説明書きが書かれている※内部撮影不可

かとりっくもとまちきょうかい
カトリック元町教会

石畳の大三坂を見下ろす

安政6年（1859）に最初の教会が建てられたが、その後3度にわたり焼失。現在のゴシック様式の建物は大正13年（1924）に再建されたもの。高く延びた八角形の尖塔と、先端に付いている雄鶏が目印。

☎0138-22-6877 住函館市元町15-30 ¥拝観無料 ⏰10〜16時 休無休（日曜の午前中、教会行事の場合は見学不可） 🚃電停十字街から徒歩10分 Ｐなし MAP P124A2

▼ステンドグラスの窓がある鐘楼のエントランス

▲屋根の上には、聖母マリア像が

鐘楼の雄鶏は、明け方の一番鶏として真東を向いている

にほんきりすときょうだんはこだてきょうかい
日本基督教団函館教会

日本で三番目に古いプロテスタント教会

明治7年（1874）にアメリカ領事を兼任していた、ハリス宣教師により創設。国内で3番目に古いプロテスタント教会。最初の教会は明治10年（1877）建造だが、大火により焼失・再建を繰り返し、昭和6年（1931）に現在の姿になった。内部見学は要予約。

☎0138-22-3342 住函館市元町31-19 ¥拝観無料 ⏰10〜16時 休月曜（教会行事の場合は見学不可）🚃電停末広町から徒歩5分 Ｐなし MAP P124A2

▲函館市の、景観形成指定建築物に指定されている

ゴシック風の装飾が印象的な白亜の壁

はこだてせいよはねきょうかい
函館聖ヨハネ教会

ほかの教会と一線を画す近代的なデザイン

明治7年（1874）に建立された、北海道の聖公会最古のプロテスタント教会。四方の壁に十字架を施したモダンなデザインの建物は、昭和54年に改築されたもの。チャチャ登りの上から見ると、建物が十字の形をしているのが分かる。

☎0138-23-5584 住函館市元町3-23 ¥5〜10月のみ内部見学可。11月上旬〜4月下旬は休館、外観のみ見学可 🚃電停十字街から徒歩15分 Ｐなし MAP P124A2

正面には十字架が刻まれ、側面の壁のモチーフも十字架

周辺のひと休みスポット

てんねんこうぼぱんとんぼろ
天然酵母パンtombolo

古民家改装のパン屋さん

大三坂の途中にある趣ある建物は、大正11年（1922）建造の古民家。店内の窯で焼いた自家製天然酵母のパンは、小麦本来の味が感じられる。

☎0138-27-7780 住函館市元町30-6 ⏰11〜17時 休月・火・水曜 🚃電停十字街から徒歩10分 Ｐなし MAP P124A2

▲いちじくとくるみのパン490円と京都より直送のコーヒー600円

▲陶芸ショップも併設

📖 チャチャ登りは急坂ですが、教会群を見下ろせる眺めは絶景！ おすすめです。

シンボルの洋館とたどる 函館の開港後100年史

街のランドマークでもあるハイカラな洋館をご紹介。古いもので明治時代からこの地に立つ建築物には、ロマンが詰まっています。

1859	1869	1879	明治	1907	大正
箱館開港	「箱館」から現在の「函館」に改称	函館大火		函館大火	

1909年建造

❶北海道有形文化財に指定されており、周囲の緑に溶け込むようにたたずんでいる ❷基坂の上に位置し、函館港を一望できる元町公園の中に立っている

1910年建造

❶ブルーグレーとイエローの鮮やかな色の外壁 ❷大正天皇が皇太子の時に訪問された御座所には、当時のままのシャンデリア、インテリアが配されている ❸コンサートホールとして使用されることもある大広間

きゅうほっかいどうちょうはこだてしちょうちょうしゃ

旧北海道庁函館支庁庁舎

函館港を見下ろす洋風建築物

明治42年（1909）に再建された、北海道庁函館支庁の旧庁舎。柱廊玄関は、張り出した天井部分を4本の柱で支えている。以前は観光案内所であったが、現在はカフェ（Jolly Jellyfish 元町公園店）として営業中。

☎0138-23-5440（函館市観光案内所）🏠函館市元町12-18 💴入館無料 🕘9〜19時（11〜3月は〜17時）休無休 🚃電停末広町から徒歩8分 🅿なし MAP P124A1

【歴史メモ】
●1802年 この場所に箱館奉行所が置かれ、明治に入って函館支庁となる
●1907年 大火により焼失
●1909年 観光案内所として使用
●2022年 地元の人気カフェがオープン

きゅうはこだてくこうかいどう

旧函館区公会堂

公園に面した堂々たる外観

明治40年（1907）の大火で焼失した町会所を、豪商・相馬哲平氏の寄付により明治43年（1910）に再建。コリント式の円柱や切妻破風飾りの飾り窓などが美しい、左右対称のコロニアル建築。130坪の大広間など、豪華絢爛な内部にも注目。

☎0138-22-1001 🏠函館市元町11-13 💴入館300円 🕘9〜18時（土〜月曜は〜19時、1〜3月は〜17時）休無休（館内整理日は休館）🚃電停末広町から徒歩7分 🅿なし MAP P124A1

※大幅改修工事のため、2018年10月から2021年4月まで休館（予定）。

【歴史メモ】
●1907年 大火により町会所が焼失
●1910年 豪商・初代相馬哲平から多額の寄付を得て、新たな集会所として建てられる
●1911年 皇太子時代の大正天皇が宿舎として使用

ハイカラ衣裳館で
貴婦人に

旧函館区公会堂1階の「ハイカラ衣裳館」でドレスをレンタル。ドレス姿で館内を写真撮影できるので、旅の記念に一枚いかが。
☎0138-22-1001 MAP P124A1

1913	1914 (~18)	1922	1934	昭和	1961
路面電車運行開始	第1次世界大戦	「函館区」から「函館市」に	函館大火		函館空港開港

1913年建造

1青い窓枠が印象的 2庭には噴水があり、バラが咲く憩いの場 3館内のカフェ「ティールーム ヴィクトリアンローズ」では、アフタヌーンティーセットが楽しめる。1人前1500円～

はこだてしきゅういぎりすりょうじかん（かいこうきねんかん）
函館市旧イギリス領事館 (開港記念館)

開港当時の姿を今に伝える

安政6年（1859）の箱館開港の同年に設置されたイギリス領事館。白壁に瓦屋根をもつ和洋折衷様式の建物は、大正2年（1913）に建て直された。内部は、かつての領事館の様子や開港当時の函館の姿を伝える開港記念館になっている。

☎0138-83-1800 住函館市元町33-14 ¥展示室入館300円 ◯9～19時（11～3月は～17時） 休無休 交電停末広町から徒歩5分 Pなし MAP P124A1

【歴史メモ】
●1913年
現在の場所に現在の建物が立つ
●1934年
領事館を閉鎖
●1940年
函館市がイギリス政府から施設を買収。市立函館病院の看護婦寄宿舎として使用
●1992年
函館市旧イギリス領事館（開港記念館）オープン

1923年建造

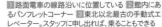

1路面電車の線路沿いに位置している 2館内にあるパンフレットコーナー 3東北以北最古の手動式エレベーター。スタッフに申し出れば、乗ることもできる

はこだてしちいきこうりゅうまちづくりせんたー
函館市地域交流まちづくりセンター

美しいクラシカルな外観

縦長窓の塔と青銅屋根のドームをもつ鉄筋コンクリート造りの建物は、大正12年（1923）に丸井今井呉服店函館支店として完成。館内には昭和9年（1934）設置の手動式エレベーターがある。現在は地域情報や観光情報の発信地として利用。

☎0138-22-9700 住函館市末広町4-19 ¥入館無料 ◯9～21時 休無休（施設点検のため臨時休館あり） 交電停十字街から徒歩1分 P30台（有料）
MAP P124B3

【歴史メモ】
●1923年
丸井今井呉服店として立つ
●1934年
大火に巻き込まれるも、同年中に営業再開
●1970年
市の分庁舎として使用される
●2007年
地域交流まちづくりセンターになる

元町公園内にある、赤レンガ造りの建物は、1907年の大火で焼け残った旧開拓使函館支庁書籍庫です。

歴史と観光を彩る函館の坂道
フォトジェニック散歩

函館元町の坂道は、函館港を一望できる坂道。
いたるところで函館の歴史を感じさせる、そんな坂道を歩いてみましょう。

八幡坂 (はちまんざか)

まっすぐな並木道の向こうに函館港を望む景色が美しい坂道。映画やCMのロケ地としても有名。 A

絵になる、坂道見つけました！

・船魂神社

D チャチャ登り

P.21 函館聖ヨハネ教会

まるたま小屋

函館ハリストス正教会 P.20

P.22 重要文化財 旧函館区公会堂

P.22 旧北海道庁 函館支庁庁舎

・真宗大谷派 函館別院

←カトリック元町教会 P.21

旧相馬邸

C 元町公園

函館市旧イギリス領事館(開港記念館) P.23

H ペリー広場

F 二十間坂

G 大三坂

A 八幡坂

B 日和坂

E 基坂

・五島軒本店

Green Gables

函館博物館 郷土資料館・

十字街へ

279

函館市電

函館どっく前へ

末広町

日和坂には古い建物やカフェが点在 B

教会群や海、函館市街が見渡せる元町公園 C

坂の標識にご注目

元町にある坂の案内柱には、函館市の鳥であるヤマガラがのっている。ヤマガラがいる案内柱を辿り歩けば、入舟町から青柳町まで18の坂を巡れるので、チャレンジしてみては？

姿見坂

ちゃちゃのぼり
チャチャ登り D

函館ハリストス正教会、函館聖ヨハネ教会の横から伸びる急勾配な坂であり、函館市街も見渡せる。

もといざか
基坂 E

街づくりの拠点となった坂。かつては、箱館奉行所、開拓使など行政機関があり、坂の下には距離を測る元標があった。

にじゅっけんざか
二十間坂 F

坂道の由来は、大火に備えて整備された二十間(36m)ある道幅から。坂をまっすぐ下ると函館朝市まで行ける。冬にはイルミネーションが点灯する。

基坂の近くにこんなカフェ

▲ドリンクはコーヒーか紅茶が選べる

ぐりーん げいぶるず
Green Gables

『赤毛のアン』の世界をイメージしたという、レトロな雰囲気で個性あふれるカフェ。ゲイブルズサンドセット1200円は、ドリンクとデザート付き。

☎0138-26-7644 住函館市末広町20-3 営10〜16時(状況により変更あり) 休月曜(不定休あり) 交電停末広町から徒歩3分 P3台 MAP P124A1

▶ピロシキとボルシチのセット800円〜が人気メニュー

二十間坂の近くにこんなカフェ

まるたまごや
まるたま小屋

函館聖ヨハネ教会(☞P21)にほど近い、築90年ほどの古民家を改装したカフェ。ロシアの伝統料理ボルシチやピロシキが楽しめる。店内ではバラエティ豊かな東欧雑貨も販売している。

☎0138-76-3749 住函館市元町2-3 営11〜18時(ピロシキは売り切れ次第終了) 休火・水曜、臨時休業あり 交電停十字街から徒歩12分 Pなし MAP P124A2

石畳と教会がエキゾチックな大三坂 G

ペリーの銅像が立つペリー広場 H

📷 こちらの素敵な建物にも注目

きゅうそうまてい
旧相馬邸

明治41年(1908)建造の北海道屈指の豪商・相馬哲平氏の旧私邸で、和と洋が調和した近代建築が見事。居住空間を改築したカフェで、函館湾を望みながら休憩できる。無料のコーヒーサービスも。

☎0138-26-1560 住函館市元町33-2

▲基坂の上に立つ旧宅は国の重要文化財

料入館900円 営9時30分〜16時30分(最終入館16時)、4月1日〜20日・11月1日〜13日10時〜16時(最終入館15時30分) 休火・水・木曜(団体は常時受け付け)、1月14日〜3月31日は冬期休館 P10台 MAP P124A1

📖 ほかにも、港の船がよく見える「船見坂」や、貝塚が発見された「あさり坂」など、港町らしい名前の坂もあります。

ノスタルジックな街に溶け込む
歴史ある建物のレトロ&リノベカフェ

明治や大正時代に建てられた伝統的建造物をリノベーションしたカフェが多い元町。
そんなレトロな魅力たっぷりの街に点在するカフェでのんびりタイムを♪

茶房 菊泉
さぼう きくいずみ

レトロカフェでいただく
和スイーツ&食事に定評あり!

「菊泉」という名の清酒を販売していた酒問屋の建物を活用したカフェ。建てられた大正10年（1921）からほとんど手が加えられておらず、切妻造りの外観や中廊が見られる貴重な建造物。手作りの白玉や餡を使う和スイーツのほか、くじら汁720円といった函館の伝統正月料理も味わえる。

☎0138-22-0306 住函館市元町14-5 ⏰10〜17時 休木曜（祝日の場合は営業）交電停末広町から徒歩7分 Pなし MAPP124A2

❶囲炉裏や振り子時計など和の雰囲気たっぷりの店内 ❷酒問屋時代の半てんが飾られた、風情たっぷりの入口 ❸とうふ白玉・パフェと抹茶のセット1300円のあんこは自家製を使用 ❹切妻屋根が目を引く、純和風の外観

茶房ひし伊
さぼうひしい

リノベカフェの先駆けの名店でひと息

大正10年（1921）に建造された蔵を使用した、30年以上もの歴史を持つ老舗カフェ。落ち着いたモダンな雰囲気の店内にはオーナーが集めたアンティークのインテリアが並ぶ。店名の「ひし伊」は質屋として使われていたころの屋号に由来している。併設する明治時代の建物はアンティーク品を扱うショップとして人気。

❶注文を受けてから茹でた白玉で作る、あずき着いた白玉パフェ900円 ❷落ち着いた雰囲気が魅力的

☎0138-27-3300 住函館市宝来町9-4 ⏰11〜17時 休水曜 交電停宝来町から徒歩2分 P8台 MAPP124A3

店主の生家である和洋折衷住宅を再生した「cafe やまじょう」。コクが深いと評判のコーヒーは500円。懐かしハヤシライス700円やパスタも人気。店主との会話も弾む。
☎080-3237-3946 **MAP** P124A2

おおてまちしょくどう りっと
オオテマチ食堂 リット

明治時代にタイムスリップ！
木のぬくもりを感じるインテリア

白壁が目を引き、思わず写真におさめたくなる外観のカフェ食堂。明治45年（1912）築造の土蔵をリノベーションした店内は、木のぬくもりを感じるインテリアでまとめ、落ち着いた雰囲気に。平日の週替わりランチをはじめ豊富な食事メニューのほか、スイーツやドリンク類・アルコール類も充実したラインナップ。

❶天井の梁など古くからある蔵そのものの雰囲気を感じる ❷バニラ&ほうじ茶の2種のアイスクリームにクリームとあんこと白玉をおトッピングした和洋折衷スイーツ ❸鶏ひき肉と茄子のチーズオムライス1100円。ドライカレーとチーズを卵に包んだオムライスを自家製カレーソースで
☎0138-76-1403 **住**函館市大手町3-8 **⏰**11時30分〜15時30分、17時30分〜21時（ランチ、ディナー共にLO30分前）**休**月曜 **交**電停魚市場通から徒歩1分 **P**8台 **MAP** P123C2

❶どこか懐かしさを感じさせる空間 ❷オリジナルのジャムとミニサラダが付いたランチセット800円
☎0138-22-9700（函館市地域交流まちづくりセンター）**住**函館市末広町4-19 **⏰**10〜17時 **休**水曜、まちづくりセンター休館日 **交**電停十字街から徒歩1分 **P**30台（有料）**MAP** P124B3
※メニューや営業時間は要確認

かふぇ どりっぷ どろっぷ
cafe Drip Drop

味わいよく雰囲気よく
リピーターが多いカフェ

南部坂下の交差点に立つ、まちづくりセンターに併設されたリノベカフェ。建物は元丸井今井呉服店函館支店で、ノスタルジックな外観。店内には柔らかな明かりを配し、居心地がよい。窓越しに路面電車を眺め、本格的なドリップコーヒーを楽しもう。ジンジャーエールは、シロップが自家製で人気。

ろまんてぃこ ろまんてぃか
ROMANTiCO ROMANTiCA

明るくかわいい店内が
女性に大人気！

「ロマロマ」の愛称で親しまれる人気カフェはカラフルな内装。元気が出る店内で、多種あるボリューム満点のランチ1150円、おしゃれな自家製スイーツの数々を楽しめる。オススメはパフェカドー950円で、インスタ映えも。オリジナルクッキー（2枚150円〜）は、気軽なおみやげとして喜ばれている。

❶店主とスタッフがリフォームする店内の要所には、キュートな雑貨が飾られている ❷パフェカドー950円。葛ジュレ、レアチーズなど、5種のハーモニーを楽しめる
☎0138-23-6266 **住**函館市弁天町15-12 1階 **⏰**11時〜19時LO **休**火・水曜 **交**電停大町から徒歩3分 **P**6台 **MAP** P122A1

波音が心を癒してくれる
元町周辺の海が近いカフェ

散策の途中で時間を忘れてゆっくりと過ごしたい海カフェ。
刻一刻と移り変わる波面をながめながら過ごしませんか。

絶景ポイント
立待岬の近くにあり、津軽海峡が目の前に
広がる。天気がよいと下北半島も一望

谷地頭
かふぇ うみとがらす
cafe 海と硝子

**潮騒が聞こえる
硝子ギャラリー&カフェ**

白を基調とした店内が窓の外に広
がる函館の南海岸の絶景を引き立
てる。天気が良いと下北半島も一
望できる。店内には硝子ギャラリ
ーが併設され、猫をモチーフにし
た作品などを販売している。

☎なし 函館市住吉町15-2 ⏰季節により
異なる（公式HPや各種SNSで確認）休
不定休 🚉電停谷地頭から徒歩6分 🅿7
台 MAP P120B3

▲外装と内装はともに
白色で統一

▲店の下はすぐ海。建物が
海に突き出している

1アイスカフェオレ。おいしく見
た目もかわいいツートンに **2**
海色ライチソーダーフロート。
海海をイメージしたソーダにアイ
スを。ソーダだけでも注文可
能 **3**不器用マスターのちょう
ちょうクレープ。オレンジソースに
浸したクレープは、さわやかな
味わい **4**店内のガラス作品は
どれも繊細なつくり

アフタヌーンティーはいかが？

白壁に木製家具、大きな格子窓にタペストリーなど、英国の雰囲気満点のカフェ「ティールーム ヴィクトリアンローズ」。庭園を眺めながら味わおう。
☎0138-83-1800 🕐10～15時
MAP P124A1

谷地頭

かふぇ らみねーる

café LAMINAIRE

海と空に抱かれたい！癒やし度満点のカフェ

津軽海峡の大パノラマを楽しめる住宅街の隠れ家カフェ。全面ガラス張りの開放的な店内は居心地がよく、ゆったりと過ごすのにぴったり。自家製デザートやドリンク類のほか、週替わりランチも用意。

DATA ☎0138-27-2277 住函館市宝来町14-31 🕐11～18時 休木曜（12～3月は水・木曜）交電停宝来町から徒歩5分 P15台 MAP P123C3

魚介のグラタン
1300円

本日のケーキ
&ドリンクセット
1150円

絶景ポイント

海側は全面ガラス張りで、津軽海峡の大パノラマが目前に。右手には函館山が見える。

絶景ポイント

時間帯によって変化する景色が魅力。夕暮れどきにオレンジ色に染まる眺めは感動もの。

函館どつく周辺

かふぇてりあ もーりえ

カフェテリア モーリエ

客船に乗った気分でカフェタイムを！

映画やGLAYのMVに登場した絶景カフェとして知られる。椅子に座ると、ちょうど目線の高さに海があり、まるで客船に乗っているかのような気分に！ 注文を受けてから焼き上げるヘルシーなピロシキが人気。

DATA ☎0138-22-4190 住函館市船見町23-1 🕐11～17時LO 休月・火曜（不定休）1～2月は休業 交電停函館どつく前から徒歩15分 Pなし MAP P120A2

ピロシキセット 950円

ベイエリア

すたーばっくす こーひー はこだてべいさいどてん

スターバックス コーヒー 函館ベイサイド店

眼前にひろがる海を眺めながらコーヒータイム

赤茶色の木壁で覆われた港に面した倉庫を利用したおなじみのコーヒーショップ。内装は木材とアイアンを使ったヴィンテージ感のあるつくりに。函館らしく海辺に立っており、港を一望できるロケーションの良さが人気。

DATA ☎0138-21-4522 住函館市末広町24-6函館西波止 🕐7～22時 休不定休 交電停十字街から徒歩5分 Pなし MAP P124B2

1 チョコレートチャンクスコーン290円。チョコレートチャンクの具材感が魅力のスコーン **2** 抹茶クリーム フラペチーノ（トールサイズ）565円。抹茶感豊かなフラペチーノ® **3** スターバックス ラテ（トールサイズ）455円

絶景ポイント

2階席から見るマリーナの眺めは港を一望でき函館らしさを感じる。

函館だからこその
センスが光る雑貨に釘付け

いち早く西洋文化の影響を受けた函館には、地元アーティストの作品が並ぶ雑貨店が多数。
旅の思い出に、ハイセンスで個性豊かな一品を探してみよう。

おじお
OZIO

**ハンドメイドの技冴える
おしゃれなレザー作品群**

鞄やブックカバー、小物入れ、キーホルダーなど幅広い手作りのレザーアイテムが揃う。絵から染色、製作までの全てを鞄職人兼デザイナーさんが手がけている。ペンギンやキリンなどのキュートな動物たちをデザインしたアニマルシリーズが人気。鞄は色や形を好みのものにできるオーダーメイドも可能。

☎0138-23-1773 住函館市元町29-14 ⏰11〜19時 (11〜3月は〜18時) 休無休 交電停十字街から徒歩4分 P3台
MAP P124A2

❶作品が並ぶ広々としたショップ空間 ❷アニマル柄のトートバッグはペンギン柄4万9500円、ブタ柄5万2800円 ❸キーホルダー各1650円〜動物の形などおみやげにも人気 ❹店舗内には工房も併設し、日夜作品作りが行われている

ろしあ・とうおうざっかちょくゆにゅうてん ちゃいか
ロシア・東欧雑貨直輸入店 チャイカ

東欧の雑貨に囲まれてうっとり

ウクライナをはじめポーランドやブルガリアなど東欧諸国の雑貨を中心に販売するショップ。オリジナルブランド「函館サモワール」の紅茶やラズベリーなどのフルーツハニー各種も人気。

☎0138-87-2098 住函館市元町7-7 ⏰10〜17時 休火曜 交電停末広町から徒歩8分 P2台 MAP 124A2

❶ウクライナの伝統刺繍をあしらったブラウス・ヴィシヴァンカ36000円 ❷オリジナルブランドの紅茶「函館サモワール」1300円

オーナーの誕生日を
店名に用いた、粋で
オシャレなショップ

電車通りから二十間坂を上りきると、雑貨店「1107物語」が立つ。アンティークな生活雑貨が勢揃いし、懐かしさと優しい雰囲気が漂う。アイテム豊富で、どの年代の人も楽しめる。☎なし MAP P124A2

み・かーさ
Mi·Casa

童心に返って
風合い優しい木製玩具と出合う

北海道津別町にある津別木材工芸社製の木製玩具をメインに取り扱う。子どもが遊ぶのに安心な木製玩具は大人にもうれしいきちんとした造りで、ファミリーで訪れるとなお楽しみながら選ぶことができる。ほかにも、さまざまなジャンルのユニークな雑貨が並んでいる。

❶見て歩くのがワクワクするほど、魅力的な商品をたくさん取り揃える ❷ネーミングも楽しいイイコイイコAは1549円、クルミコロコロはサイズによってSが1320円、Lが1540円

☎0138-27-8188 住函館市末広町20-6 もとい坂フラット1階 ⏰11〜17時 休月・木曜 交電停末広町から徒歩3分 P2台 MAP P124A1

もとまちひよりかん
元町日和館

函館の老舗雑貨店にて
動物グッズにほっこり

函館港を見下ろす、元町の坂の上に位置する雑貨店。動物モチーフの小物や陶器など、ほのぼのする品々がずらりと並んでいる。「北うさぎ」の雑貨を制作する成田粋子さん、フェルト作家の奥村貴美子さんなど、地元出身作家の温かみを伝える作品を多数揃えている。

❶動物をモチーフにしたやさしい風合いのもの、愛らしくも個性的なものなど、欲しくなるアイテムが多数揃う ❷北うさぎが刻印されたレザーのキーホルダー各1100円 ❸猫の顔が額から飛び出している、日和館オリジナルののぞき猫各5100円

☎0138-27-2685 住函館市元町10-13 ⏰10〜16時 休月曜不定休 交電停末広町から徒歩5分 Pなし MAP P124A2

ぎゃらりーむらおか
ギャラリー村岡

整然と並ぶステキな作品は
オーナーの選りすぐり!

函館聖ヨハネ教会（→P21）そばに立つ、ガラス張りのギャラリー兼ショップ。オーナーがセレクトしたバラエティ豊かな雑貨が美しく並んでいる。入り口でスリッパに履き替えたら、お好みの雑貨をゆったり探そう。道南の作家をはじめ、魅力ある作家ものを多数取り扱っている。

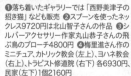

❶落ち着いたギャラリーでは「西野美津子の招き猫」なども販売 ❷スプーンを使ったネックレス9720円は北山智子さんの作品 ❸シルバーアクセサリー作家丸山恭子さんの飛ぶ鳥のブローチ4800円 ❹梅里進さん作のミニチュア、カトリック教会（左上）、ヨハネ教会（右上）、トラピスト修道院（右下）各6930円、民家（左下）1個2160円

☎0138-27-2961 住函館市元町2-7 ⏰10〜19時 休水曜 交電停十字街から徒歩10分 Pなし MAP P124A2

スタートは電停函館どつく！
外国人墓地周辺のゆらり散歩道

電停函館どつくから、外国人墓地の周辺を歩きます。函館で最も歴史あるエリアだけに、
レトロな建築物が多く、坂を上って見下ろす港の景色に大満足です。

写真提供／函館市公認観光情報サイト「はこぶら」

電停
函館どつく

---

①
はこだていつくしまじんじゃ
函館厳島神社

「弁財天・恵比寿堂」が
祀られた神社

古くから海の守護神として地元民から愛されており弁天町の由来にもなった神社。財運・音楽・芸能・縁結び・学業・勝運・武運長久など様々なご利益があるとも言われている。

▶歩いて約1分

☎0138-23-0713 住函館市弁天町9-9 時24時間 休なし 交電停函館どつく前からすぐ Pなし
MAP P122A1

---

②④
がいこくじんぼち
外国人墓地

異国情緒あふれる
ひっそりとした景勝地

ペリー艦隊のアメリカ人水兵を埋葬したことが始まり。開港後外国船の往来が増えた函館で、祖国に帰れぬまま亡くなった外国人が葬られているため、眺めもいい。海を望む高台に位置しているため、眺めもいい。

▶歩いて約11分

☎0138-23-5440(函館市観光案内所) 住函館市船見町23 時見学自由 交電停函館どつく前から徒歩15分 Pなし MAP P120A2

「景観形成指定建築物等」に
泊まれる

大正4年（1915）に増築された洋館が一棟貸しのゲストハウス。大正建築の優美さが随所で感じられる太刀川家洋館ゲストハウス。**DATA** ⏩P70

BURGER SERVICE WALD

EAT

●御朱印などをいただく際には10〜17時頃が開門している時間 ②外国人墓地からは函館漁港を見渡せる ③船見公園にある赤いブランコ ④函館湾を望むロケーションに立つ墓地 ⑤晴天時は、窓際の席から遠くに駒ヶ岳が望める ⑥モーリエはロシア語で「海」、函館湾を一望する崖の上に建つ ⑦散策途中に夕日が見えることも ⑧アメリカのキャラクターやハンバーガーにまつわるものでにぎやかな店内 ⑨船見公園から、函館港をはさんで五稜郭タワーが見える ⑩「大町改良住宅」の1Fをリノベーションした建物

地図:
・旧函館区公会堂
・元町公園
船見公園 ● カフェテリア モーリエ
■BURGER SERVICE WALDEN
末広町へ
■函館大町局
国華山 万福寺
●外国人墓地
称名寺
大町
大鼓通り
函館市電
●函館弁天局
函館漁港
函館厳島神社
函館どつく前
N 200m
電停函館どつく〜外国人墓地周辺

---

⑤⑥
かふぇてりあ もーりえ
カフェテリア モーリエ

窓いっぱいの海を眺めながらティータイムを

▶歩いて約1分

崖の上にたたずむカフェ。ロシア語で「海」を意味する店名通り、大きな窓からは函館港を一望できる。GLAYのPV撮影や映画のロケ地として使われたことでも知られる。☎0138-22-4190 住函館市船見町23-1 ⏰11〜17時LO 休月・火曜（不定休、1〜2月は休業）交電停函館どつく前から徒歩15分 Pなし **MAP** P120A2

③⑨
ふなみこうえん
船見公園

坂の上の公園から函館港を見下ろそう

▶歩いて約16分

幸坂を上った突き当たりにある普通の公園だが、そこから見える港の景色が人気。晴れていれば、五稜郭タワーや駒ヶ岳まで一望できる。ブランコに乗って、より高い視線で絶景を楽しもう。☎0138-21-3431（函館市土木部公園河川管理課）住函館市船見町14 ¥散策自由 交電停函館どつく前から徒歩15分 Pなし **MAP** P122A2

⑧⑩
ぱーがー さーびす うぉーるでん
BURGER SERVICE WALDEN

散歩途中にリノベーション住宅で絶品クラフトバーガーを

▶歩いて約12分

大町電停そばにある「大町改良住宅」をリノベーションした、炭火でじっくりと焼き上げる牛100％のパティにスモークベーコンやタルタルソースなど自家製にこだわったクラフトバーガー。☎なし 住函館市大町3-16 ⏰11時30分〜 LO14時※売り切れ次第終了 休木曜、不定休あり 交電停大町すぐ P2台 **MAP** P122B1

📖 元町を歩く時には足下にも注目。マンホールにイカの絵が描かれていたり、旧函館区公会堂がデザインされたものがあります。

函館のきらめく夜景が
ミシュランの三つ星に輝いた

函館山の眺望が、「ミシュラン・グリーンガイド・ジャポン」で三つ星に認定されました！
展望台からの眺めをはじめ、見逃せないおすすめポイントをご紹介します。

山頂での楽しみ 1
展望台からの夜景
※夜景観賞アドバイス

1月…16：10頃	
2月…16：50頃	
3月…17：30頃	
4月…18：00頃	
5月…18：30頃	
6月…19：00頃	
7月…19：10頃	
8月…19：00頃	
9月…18：10頃	
10月…17：10頃	
11月…16：30頃	
12月…16：00頃	

❶ 日没時刻
時期によって違うので、左の表を参考にして。日没の20〜30分後がおすすめ。徐々に日が沈む時間帯も美しい。

❷ 混み具合
最も混むのは日没の約1時間前。ロープウェイは5〜15分ごとに出発するが、早めの行動がベター。

❸ 寒いので注意
山頂は、地上から2〜4度気温が低くなるうえ、風が強いので体感温度も下がる。夏でも羽織るものは必須。

❹ ベストシーズン
空気が澄んで夜景が映える、10・11月がベスト。ただし、冷え込む時期なので、防寒対策は念入りに。

> ハート伝説とは？
> 夜景の中にカタカナの「ハート」を見つけると、恋が実るという。人に聞くと御利益がなくなってしまうので注意！

山頂までのアクセス

函館山ロープウェイ

山麓駅から山頂駅までを約3分で結ぶ。一度に125名が乗れるロープウェイで、ひとときの空中散歩を楽しもう。

☎0138-23-3105（総合案内）¥往復1800円（片道1200円）🕙10〜22時（10月16日〜4月24日は〜21時）。15分ごとに運行（混雑時は5〜10分ごと）。上りの最終便は、営業終了時刻の10分前に発車。営業時間は変更となる場合あり🈳要問合せ🚃電停十字街から徒歩10分 MAP P122B3

山頂での楽しみ 2
夜景を見ながら ディナー

れすとらん じぇのば
レストラン ジェノバ
窓際の席が狙い目

山頂駅にある全面ガラス張りの展望レストラン。窓際席は、1日3組限定のコース料理の予約でキープできる。洋食フルコース8500円のほか、和洋ディナーコースもオススメ(ともにロープウェイ往復チケット付き)。

☎0138-23-3105(函館山ロープウェイ総合案内)
🏠函館市元町19-7函館山ロープウェイ山頂駅 🕐11時30分〜21時LO(10月中旬〜4月中旬は〜20時LO) 休無休 P60台 MAP P122A3
※状況により営業時間変更の可能性あり

▲食事をしながら、展望台からとほぼ同じ景色を堪能できる

▲洋食フルコースの一例

函館山登山バス

函館駅前を出発し、ホテルや十字街のバス停を回って、山頂へ向かうバス。
☎0138-22-8111(函館バス函館駅前バス案内所)
¥500円 🕐登山道開通後、夕方から夜まで運行。※時刻は要問合せ 休期間中無休(荒天時運休) 🚌函館駅前バスターミナル4番から所要30分(函館朝市前、函館国際ホテル、明治館前、十字街、登山口を経由)※函館駅前発は乗車専用、山頂発は降車専用

タクシー

時刻を気にすることなく、山頂まで楽に向かえる。
¥小型車でJR函館駅前から山麓駅まで700円〜、山頂まで2000円〜 🕐JR函館駅前から山麓駅まで約10分、山頂まで20分〜。函館山観光道路は11月中旬〜4月中旬は全面通行禁止となり、その場合は山麓駅までしか行けない
※所要時間、金額は道路状況によって変動する

定期観光バス(函館夜景号)

時期により往復がバスの場合と、ロープウェイの場合がある。
☎0138-51-3137(函館バス)
湯の川温泉街、ラビスタ、国際ホテル、センチュリーマリーナ、函館駅前から乗車後、函館山山頂にて30分程度滞在し函館駅前、各ホテルへ
¥バス往復の場合2,000円、バスとロープウェイ利用の場合3,800円 🕐通年運航 休無休 🚌函館駅前から往復約1時間30分、湯の川温泉から往復2時間15分
※予約制のため、上記電話番号まで要予約
※時期により運行内容に変更があるため、詳細は要問合せ

📖 函館山は標高334m。牛が横たわった姿に似ていることから、臥牛山(がぎゅうざん)の愛称をもっています。

旅の夜はロマンチックに…
函館山山麓のライトアップスポットを巡る

美しい夜景のまち・函館では、市民が一丸となってその美景を守っています。
ライトアップされた山麓の歴史的建造物を巡り、昼とは違う魅力にふれましょう。

▲十字架のモチーフが目を引く、近代的なデザイン

1 函館聖ヨハネ教会
はこだてせいよはねきょうかい

十字のシルエットが闇に浮かび上がる

十字の形をした茶色の屋根と、4つの壁面にあしらわれた十字の美しい造形で知られる教会。ライトアップでさらに神聖な雰囲気が漂う。**DATA** ☞P21

▲光の中に浮かび上がり神秘的

徒歩1分

2 函館ハリストス正教会
はこだてはりすとすせいきょうかい

白壁と緑の屋根の優美な建築が輝く

函館港を見下ろす高台に立つロシア風ビザンチン様式の正教会。ライトに照らされ、白壁と緑の屋根のコントラストがいっそう際立ち、独特な美しさに包まれる。**DATA** ☞P20

徒歩1分

▲荘厳な雰囲気と異国情緒を醸す

徒歩1分

3 カトリック元町教会
かとりっくもとまちきょうかい

光に浮かぶ六角形の大鐘楼

聖堂は白、大鐘楼は暖色の2色の明かりに照らされ、ゴシック様式の美しさを引き立てる。坂の上に浮かび上がる姿は、とても幻想的。**DATA** ☞P21

徒歩5分

▲光に浮かぶ姿は影までもがうつくしい

4 重要文化財 旧函館区公会堂
じゅうようぶんかざい きゅうはこだてくこうかいどう

美しい姿で蘇った歴史を感じる建造物

コルニアル風の西洋建築で明治の社交界の華やかさを感じることができるスポット。ライトアップによりブルーグレーと黄色がより一層引きたつ。**DATA** ☞P22

徒歩2分

5 もとまちこうえん
元町公園
▲眼下に港を望む
ビューポイント

眼下に広がる倉庫群と元町

徒歩1分

基坂の上に位置する、函館の歴史を凝縮した公園。港や元町を望むビューポイント。振り返ると旧函館区公会堂の姿も見える。**MAP** P122B2

6 はこだてしきゅういぎりすりょうじかん (かいこうきねんかん)
函館市旧イギリス領事館(開港記念館)

**和洋折衷の
エレガントな建築**

白亜の壁に青い瓦屋根の和洋折衷の建築が美しい。窓枠がライトアップされて闇に浮かび、やさしいムードが漂う。**DATA** P23

徒歩5分

▲建物は英国ヴィクトリア調の雰囲気

徒歩7分

7 はちまんざか
八幡坂

▲石畳に反射させる様は大層美しい

港まで延びる坂道を彩る街灯

函館港まで続く坂道の先にベイエリアの街明かりが輝き、ライトアップされた摩周丸の姿が浮かび上がる印象的な坂道。冬期には、街路樹に灯るイルミネーションが石畳をいっそう美しく照らす。**DATA** P24

▲ベイエリアの風景に映えるレトロ倉庫群

8 かねもりあかれんがそうこ
金森赤レンガ倉庫

暖かな照明でロマンチックに光る

港町の歴史漂うベイエリアのシンボル。赤レンガ倉庫群がやわらかな光に包まれ、異国情緒あふれるロマンチックな夜景スポットに。**DATA** P44

◆ 冬の函館を彩るライトアップイベント ◆

はこだてくりすますふぁんたじー
はこだて
クリスマスファンタジー
クリスマスに沸く街を彩る

函館の冬の一大イベント。約15万個の電飾で輝く巨大なクリスマスツリーが、一番のみどころ。毎日18時から花火が打ち上げられる。

花火を打ち上げるほか催し多数
☎0138-27-3535 (はこだてクリスマスファンタジー実行委員会)
☆開催日12月1～25日(予定)の16時30分～17時45分、18～22時
※初日は18時から開催

はこだているみねーしょん
はこだて
イルミネーション
光に包まれる函館

期間中はイルミネーションが元町地区を優しく包む。元町の代表的な坂道や開港通りの並木が無数の電飾で彩られ、光がまたたく雪の夜道を散策することができる。

今や、冬の函館の風物詩ともいえるイベント
☎0138-27-3535(はこだて冬フェスティバル実行委員会)
☆開催日12月～2月末(予定)の日没～22時

函館らしさを醸し出す 和洋折衷住宅を知ろう

西部地区を中心に点在する和洋折衷住宅は独特の景観を作り
あげています。街を散策しながら、趣ある建物を探してみましょう。

Q 和洋折衷住宅とは？

A 一般的には和風建築と洋風建築が混同した建物のこと。しかし函館特有の和洋折衷住宅とは、内装は和風のまま、1階部分の外装を和風、2階部分を洋風に造った「上下和洋折衷住宅」を指す。函館市は西部地区など函館らしい歴史と文化を形作っている景観を有す地域を「都市景観形成地域」に指定。奨励金を出すなどして和洋折衷住宅を残し、街並みの保全に努めているため、現在も一般住宅や商店として生活の場に活かされている。

Q なぜ函館に 和洋折衷住宅が？

A 函館は風が強く、数十年ごとに大火に見舞われた。明治11年（1878）の函館大火後に行政が出した都市計画の方針には「ロシアのウラジオストクの街並みに倣うように」と記されており、近代都市の景観を作り上げることで、欧米と対等の貿易を目指したと考えられる。ここで力を発揮したのが函館の大工たち。安政6年（1859）の開港以来、山が迫った狭い函館で外国人と密接なつながりをもち、彼らの指導のもとに教会や領事館などを建てて洋風建築の知識を習得していた。とはいえ当時の日本人の生活様式は和風。そのため、内装は和風のまま、坂の下から見える2階部分の外装のみを洋風に造った。また、明治初期に財力があった海産商から和洋折衷住宅が広がったため、1階は客の出入りや商品の運搬に便利な和風の店構えを残したとも考えられる。明治40年（1907）の大火でも函館は甚大な被害を被ったが、復興は早く、和洋折衷住宅は市内に広がりを見せる。さらには道南地方や海を挟んだ津軽にも次第に伝わっていくことになる。

典型的な和洋折衷住宅をご紹介！

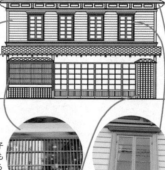

よせむねやね
寄棟屋根
四方向に傾斜がある、日本古来のもの。瓦やトタンを使用している

したみいたばり
下見板張り
板を下から順に重ねて仕上げた外壁。明るい色にペンキ塗装される

こうしまど
格子窓
1階は和風な格子窓。出入り口にも格子戸が使われる

たてながまど
縦長窓
洋風なデザインで縦長。上げ下げ窓、もしくは両開き窓

ひさし どうじゃばら
庇と胴蛇腹
垂木を持つ庇。1階と2階を分節するのが、洋風な装飾・胴蛇腹

ささら子
したみいたばり
下見板張り
下見板張りに、さらに縦方向の板を打ち付ける昔ながらの技法

も おく
持ち送りと
のきじゃばら
軒蛇腹
建築主や大工が腕を競い合ったという軒下の装飾

啄木ゆかりの立待岬へ
文学さんぽ 〜ノスタルジック市電編〜

谷地頭へは市電で！

函館市街から南へ約4km。津軽海峡を望む立待岬へ。
市電と徒歩でのんびりめぐりましょう。

電停谷地頭から岬をめざす

まず目指すのは、①東海山地蔵堂。山号は『一握の砂』の一節にちなんだもの。ここから立待岬までは緩やかな上り坂で、左手に海を望むすばらしい景観が広がる。坂を登り切った場所にあるのが、②石川啄木一族の墓。函館市内と大森浜が望める。そこから立待岬に続く遊歩道の途中には、啄木の墓参りに来た③与謝野寛・晶子の歌碑がある。歌碑を通り過ぎ最奥まで行けば、④立待岬に行き着く。谷地頭電停に戻って、1つ先の青柳町電停で降りれば、市民憩いの場⑤函館公園に到着する。

立待岬からは、津軽海峡を一望できる

たちまちみさき
立待岬 ④

津軽海峡を望む景勝地

函館山の南端、津軽海峡につき出した断崖絶壁の岬。寛政年間（1789〜1801）には、北方警備のため砲台が置かれていた台場だった。天気がよければ下北半島や津軽半島も見渡せる。☎0138-23-5440（函館市観光案内所）🏠函館市住吉町🚃電停谷地頭から徒歩20分 🅿40台 MAP P120B3

はこだてこうえん
函館公園 ⑤

ノスタルジックな現役日本最古の観覧車

▶現役日本最古の観覧車は、昭和25年（1950）製で、高さ10m、直径8m

明治12年（1879）に開設、市民参加で造られた道内初の洋式公園。園内には、道内初の動物飼育施設や、旧函館博物館の建物、現役日本最古の観覧車のある「こどものくに」がある。春は桜の名所として知られる。

▲中央広場にある噴水は平成18年に完成。水あそびも楽しめる

☎0138-22-7255 🏠函館市青柳町17 🕐散策自由（動物施設は8時45分〜17時、11〜3月は〜16時）🚃電停青柳町から徒歩3分 🅿なし MAP 122B3 ●「こどものくに」は☎0138-22-5039 🕐入園無料 🗓3月中旬〜11月下旬営業。11〜16時（土・日曜、祝日、春・夏休み、GWは10〜17時）雨天、天候不順日）

啄木が愛した町・函館

漂泊の詩人・啄木が函館で過ごしたのはわずか4カ月。明治40年（1907）、21歳だったその期間は人々との交流や自然とのふれあいを通して充実した時期を過ごしたという。明治45年（1912）、わずか26歳で亡くなり、夫人の希望により函館に移され、立待岬のそばに埋葬された。

▶立待岬から少し離れた大森浜の啄木小公園（MAP P121C2）には、啄木の座像が立つ

電停谷地頭から岬をめざす（地図）

宝来町へ
函館公園 ⑤ GOAL
函館博物館
青柳町
新善光寺
谷地頭 START
谷地頭温泉
0 200m
①東海山地蔵堂
石川啄木一族の墓②
宮崎家一族之奥城
与謝野寛・晶子の歌碑③
④立待岬

📖 市電の終点・谷地頭には、谷地頭温泉があります。時間があれば立ち寄ってみて。

これしよう！
函館ならではの
街並み散策
和と洋が調和した、函館な
らではの建物が見られる。
(☞P38)

これしよう！
潮風に吹かれて
クルージング！
函館港をぐるり一周！ 船
から港や市街を見てみよう。
(☞P43)

これしよう！
金森赤レンガ倉庫で
お買いもの
ベイエリアの象徴、おみや
げ探しにぴったりのスポッ
トへ。(☞P44)

かわいい雑貨＆ステキな食
器などにも出会える

港沿いを歩いて、ぶらりショッピング！

ベイエリア

人気のおみやげ
をゲットしよう

べいえりあ

こんなところ

港に面して立つ、明治時代建造の赤レンガ
倉庫が印象的なベイエリア。歴史的建造物
は現在ショッピングモールやレストラン、
カフェなどに利用されており、函館を代表
するショッピングエリアとなっている。海
鮮やげから函館限定グッズまで、よりど
りみどり。海を眺めながらの散歩も楽しい。

access
●函館駅から
【市電】
・電停函館駅前から約5分、電
停十字街下車
・電停函館駅前から約8分、電
停末広町下車
●函館空港から
【バス】
シャトルバスで約33分、ベイ
エリア前下車
問合せ
☎0138-23-5440
函館市観光案内所

～ベイエリア はやわかりMAP～

0 100m

緑の島

東浜桟橋（旧桟橋）から海を眺める
かつて、連絡船から上陸の際に使われた。

函館湾

観光のヒント
**2つのエリアを
スムーズに観光しよう**
ベイエリアと元町は、ともに電停末広町、電停十字街の周りに広がっている。ベイエリアと元町の観光をセットにして、効率良く回ろう。

ベイエリア

水産物地方卸売市場（函館魚市場）

2 観光遊覧船ブルームーン
（☞P43）

3 金森赤レンガ倉庫
（☞P44·45）

ラビスタ函館ベイ

JR函館駅へ

港沿いを散歩しよう
買い物に少し疲れたら、海を見ながらのんびり歩こう。

魚市場通へ

函館港

4 はこだて明治館
（☞P46）

BAY
はこだて

・はこだて海鮮
市場本店

明治館前

START
東浜桟橋
・北海道第一歩の地碑

東浜桟橋前

ラッキーピエロ
マリーナ末広店

函館
西波止場

金森
洋物館

西波止場・
函館ビヤホール前

新島襄上陸の地

赤い靴の少女像

ラッキーピエロ
ベイエリア本店前

ラッキーピエロ
ベイエリア本店

函館
ヒストリー
プラザ

函館博物館
郷土資料館

金森ホール

箱館高田屋嘉兵衛
資料館

大町へ

末広町

1 函館市文学館
（☞P42）

5 茶房 旧茶屋亭
（☞P49）

十字街

海峡通

函館市電

GOAL

6 はこだて工芸舎
（☞P49）

宝来町へ

41

おすすめコースは

4時間30分

はこだて明治館、金森赤レンガ倉庫、余裕があれば函館西波止場を回れば、函館らしいおみやげが見つかるはず。買い物の合間には人気のカフェやB級グルメでひと休み。

スタート		1		2		3		4		5		6		ゴール
		見学		遊ぶ		買い物		買い物		カフェ		買い物		
電停末広町	▶ 徒歩1分	函館市文学館	▶ 徒歩5分	観光遊覧船ブルームーン	▶ 徒歩1分	金森赤レンガ倉庫	▶ 徒歩1分	はこだて明治館	▶ 徒歩2分	茶房 旧茶屋亭	▶ 徒歩4分	はこだて工芸舎	▶ 徒歩1分	電停十字街

ベイエリアをてくてく潮風おさんぽ

人気のショッピングモールや、個性的な店がぎゅっと詰まったベイエリア。散策しながら、お気に入りの店を見つけましょう。

▲港町・函館のランドマークである五稜郭タワーが見える

はこだてこう
函館港

太平洋と日本海を結ぶ津軽海峡に面した歴史ある港

江戸時代以前から廻船が立ち寄る港として発展しており、安政6年（1859）に、横浜や長崎とともに日本初の国際貿易港として開かれた函館港。北海道の玄関、北洋漁業の本拠地として繁栄してきた。 MAP P123C1

はこだてしぶんがくかん
函館市文学館

徒歩3分

もと銀行の建物を活用した文学ファン必訪の文学館

函館にゆかりある作家の直筆原稿や作品、愛用品を展示。2階は全フロアが石川啄木のコーナーで、ここでしか見られない直筆の日記や書簡なども展示している。建物は、大正10年（1921）に第一銀行函館支店として建設されたもの。金庫室も展示スペースになっている。

☎0138-22-9014 住函館市末広町22-5 ¥入館300円 ⏰9〜19時（11〜3月は〜17時）休不定休 🚋電停末広町から徒歩1分 Pなし
MAP P124B2

はこだてにしはとば函館西波止場

**港に面した注目の市場
グルメみやげならここ**

海産加工品、北海道の銘菓、地ビールなど函館のおみやげを幅広く販売。徒歩5分ほどの場所に、はこだて海鮮市場本店（☞P47）もある。

☎0138-24-8108 🏠函館市末広町24-6 🕘9～18時 🚫無休 🚎電停十字街から徒歩5分 🅿有料20台（利用1000円以上で1時間無料）
MAP P124B2

▲天井に仕入れ先の屋号の、のれんが下がる

▲北海道みやげや函館名物が揃う

**童謡『赤い靴』の
モデルとされる
赤い靴の少女像**

函館は、少女像のモデル、きみちゃんと母親が静岡県より移り住んだ地。働きに出る母親と、病弱であったため函館に残るきみちゃんとの別れの地となった。
☎0138-26-3753（赤い靴の会事務局）
MAP P124B2

徒歩2分

ベイクルーズ

♪♪ かんこうゆうらんせんぶるーむーん観光遊覧船ブルームーン

函館の元祖ベイクルーズ

運が良ければカモメやイルカに出合える、お昼のクルーズ。海の上から函館市街を一望でき、函館山も見られる。

函館港を一周するベイクルーズ、津軽海峡付近まで行くナイトクルーズを運航。乗船受付場所はラッキーピエロマリーナ末広店併設。

☎0138-26-6161 🏠函館市末広町14-17 ⛴ベイクルーズ30分2200円、ナイトクルーズ60分3200円 🕘ベイクルーズは10時30分～17時（1日5～7便運航）、ナイトクルーズの日時などの詳細は要問合せ 🚫期間中無休（11月上旬～4月下旬は運休）🚎電停十字街から徒歩5分 🅿50台（有料）MAP P124B2

▲海に浮かんだ月をイメージした、真っ白の船体が特徴。最大で200人乗船可能

ナイトクルーズ

ナイトクルーズは幻想的。夕暮れには夕日を、日没後に乗れば幻想的な夜景を満喫できる。イカ漁の漁火が見えることも。

▲ナイトクルーズ仕様のブルームーン

徒歩1分

🍴 らっきーぴえろ まりーなすえひろてんラッキーピエロ マリーナ末広店

さんぽ途中に寄りたい、絶好の海カフェ

函館港を一望する海カフェ。建物の一部が海側に突き出しており、湾を行くベイクルーズ船、ヨットハーバーや緑の島を見渡す爽快感に浸ることができる。自慢のハンバーガーほか、オムライスや焼きそばなど、地産の素材を用いたフードメニューが充実。生ビールが飲めるのもうれしい。

☎0138-27-5000 🏠函館市末広町14-17 🕘10～24時（土曜は～午前1時）🚫無休 🚎電停十字街から徒歩5分 🅿なしMAP P124B2

▲港を背に、金森赤レンガ倉庫群の真向かいに位置する大型店舗

▲スノーバーガー605円は雪に見立てたホワイトソースが美味。ポテトとオニオンリング付き

徒歩1分

📷 かねもりあかれんがそうこ金森赤レンガ倉庫

幅広いおみやげが揃うベイエリアのシンボル

ショッピングやグルメが楽しめる施設。バラエティ豊かな雑貨店が並ぶBAYはこだて、個性的な店が並ぶ金森洋物館、函館ヒストリープラザ、多目的ホールの金森ホールから成る。（☞P44）

☎0138-27-5530 🏠函館市末広町14-12 🕘9時30分～19時（季節により変動あり）🚫無休 🚎電停十字街から徒歩5分 🅿タイムズ金森赤レンガ倉庫駐車場利用可78台（1000円以上の利用で2時間無料、以降1時間440円）
MAP P124B2

▲金森赤レンガ倉庫の脇に設置されたパブリックアート「おしゃま」

▲明治期建造の倉庫を店舗に利用している

函館ベイ美食倶楽部（MAP P124B2）には、ラーメン店やジンギスカン店など、北海道グルメの飲食店が5件揃っています。

歴史を感じる建物でお買いもの
金森赤レンガ倉庫へ行こう

明治時代に建てられた倉庫を改装した人気観光スポット。
ロマンチックなレンガ街で、個性的なショップを巡ってみませんか？

かねもりあかれんがそうこ
金森赤レンガ倉庫

**ベイエリアのシンボル
歴史ある倉庫群**

函館港沿いに、営業倉庫として建てられた、築100年を超える赤レンガ倉庫を改装した人気のスポットで、函館一のショッピングゾーンになっている。BAY はこだて、金森洋物館、函館ヒストリープラザ、金森ホールの7棟が集まっており、館内には、北海道銘菓やみやげ、雑貨、スイーツショップ、カフェ、地ビールレストランなどの店舗（☞P45）が入る。
MAP P124B2

赤レンガ倉庫の歴史

渡邊熊四郎が、明治2年（1869）に輸入雑貨や舶来製の小間物などを扱う金森洋物店を開業。明治20年（1887）に函館初の営業倉庫として建てられた。現在の建物は明治42年（1909）に再建されたもの。

明治12年（1879）の錦絵に当時の様子が残る

土方歳三をイメージした、函館限定販売のワイン。果て無き夢 赤 720ml 1620円

函館の近郊・七飯町のリンゴを使用した、函館ななえシードル 500ml 1375円

ナイアガラしばれづくり 720ml 3630円。冷凍したブドウを使う独自の製法で作られる

創業50周年を迎えたはこだてわいんの直売店

はこだてわいん ぶどうかんせいぶてん
はこだてわいん
葡萄館西部店（BAY はこだて内）

1973年に駒ヶ岳酒造として設立した、はこだてわいんの直営店。ワイナリー限定販売のワインもある。
☎0138-27-8338

12人乗りクルーザーで運河から函館港へ。金森ベイクルーズ

金森赤レンガ倉庫群のなかでももっとも古いBAYはこだての2棟のレンガ倉庫の間にある運河は、明治前期に造られたもの。ここに浮かぶクルーザーに乗って、函館港内を約15分で一周するミニクルーズが楽しめる運河から海に出るときにくぐる、石造りのアーチ橋・七財橋もみどころ。☎080-5597-8677

七財橋をくぐれるのは金森ベイクルーズだけ

深海ブルー ピアス
990円 E
深海ブルーと名付けられた深いブルーのとんぼ玉が美しい、揺れるタイプのピアス

函館ハンカチ(上)
660円
函館がま口(右)
1430円 C

北海道や函館をモチーフにしたハンカチ、がま口が多彩に揃っている。がま口は手の平サイズで、函館名産イカの刺繍入り

**函館限定
新撰組オルゴール**
3520円 A
新撰組ゆかりの地の思い出みやげにいかが。歴史好きの方にもオススメの限定オルゴール

ロシア3P みかんちゃん3姉妹マトリョーシカ
2200円 D
手作りなので、1つとして同じものはない。お気に入りの顔や色合いを選ぶのが楽しい

**烏賊墨染
箱館トートバック**
4500円 B
持ち手部分にこだわりがある、厚手の8号帆布。色・柄の組み合わせは21種類。内ポケット付き

べい はこだて
BAY はこだて
赤レンガのチャペルを併設するBAYはこだてには、函館オルゴール堂など、個性的な専門店が並んでいる。
SHOP
　　はこだておるごーるどう
A 函館オルゴール堂
　　☎0138-21-1055
　　いかすみそめこうぼうシングラーズ
B 烏賊墨染工房シングラーズ
　　☎0138-27-5555

かねもりようぶつかん
金森洋物館
初代・渡邊熊四郎が目指した"異国の夢を売る店"がテーマ。インポート品を扱う店も多く、幅広い品揃えが魅力的。
SHOP
　　にっぽんちゃちゃちゃ はこだてすとあ
C にっぽんCHACHACHA函館ストア
　　☎0138-23-2822
　　ぷてぃと・ふるーる
D プティト・フルール
　　☎0138-27-7323

はこだてひすとりーぷらざ
函館ヒストリープラザ
バラエティ豊かな店が集まり、クレープやジェラートなどのスイーツも味わえる。天井の高い建物も情緒たっぷり。
SHOP
　　はこだて ろまんかん
E 函館 浪漫館
　　☎0138-24-8811

📖 BAY はこだてでは、4〜10月の期間限定でレンタサイクルのサービスを行っています(中学生以上、1日1500円)。

ベイエリアに並んだ
人気ショッピングスポットへ

はこだて明治館、はこだて海鮮市場本店へ！
かわいいおみやげも、海鮮みやげも、ここでまとめ買いしちゃいましょう。

雪の結晶ピアス
2530円。揺れるた
びにキラリと光る人
気商品。雪の結晶
がモチーフ

はこだてがらすめいじかん
函館硝子明治館
ガラス製品の専門店。函
館らしいデザインの小物
やグラス、アクセサリーが
所狭しと置かれている。
☎0138-27-6060

ガラス製品がびっしりと並べられ
ている

キャンドルUFOミニ
3300円。色とりどりの
花がデザインされたキ
ャンドル（デザインによ
っては販売終了の可
能性あり）

はこだてめいじかん
はこだて明治館

歴史ある建物で
おみやげ探し

ガラス製の雑貨や食器、バラエテ
ィ豊かなオルゴールを扱う店など
が並ぶ。館内の手作りオルゴー
ル工房では、製作体験ができる
（¥3000円程度〜、所要約1時
間30分、受付は11〜14時、5日前まで要予約）。☎0138-27-
7070 住函館市豊川町11-17 時9時30分〜18時 休水曜、第2木曜 交
電停十字街から徒歩4分 P40台（有料）MAP P124B2

ツタが絡まった印象的な建物

はこだておるごーるめいじかん
函館オルゴール明治館
バラエティ豊かなデザイン、
メロディーのオルゴールが
揃っている。お気に入りの音
色を探してみよう。
☎0138-27-7070

オルゴールの音色が響く店内

陶器製の回転オル
ゴール。キャロル シ
ングル（左）、ティム
ニー シングル（右）
各2750円

雪の結晶で飾られた天球
オルゴール1760円。日本
のポップスなど人気楽曲が
揃う※フタは開けられない

北海道のイカと函館育ちの米・ふっくりんこを使用した、いかめし2尾入り594円

南茅部産昆布のダシで仕上げた明太子120g1296円

アルコール度数10％の「社長のよく飲むビール」に、じっくり漬け込んだジンギスカン。社長のよく食べるジンギスカン500g1296円

保存料不使用の、昔ながらの伝統珍味。ふわっとした食感と、イカ本来のうまみと香ばしさを味わえる。函館こがね100g1080円

函館山の天然水を使ったハコダテニキテクダサイダー330㎖ 210円

はこだて海鮮市場本店
はこだてかいせんいちばほんてん

海鮮や珍味が約2000種類
函館の味覚が集結する

函館名産のイカ、ホッケなどの珍味・加工品は、港町ならではの新鮮なものばかり。西波止場店は函館西波止場（☞P43）にある。

☎0138-22-5656 🏠函館市豊川町 🕐12〜12時🕘9〜18時（店舗により異なる）🈺無休 🚃電停十字街から徒歩5分 🅿40台（有料）🗾MAP P124B2

広々とした店内では名産品が揃う

脂のり抜群でふっくらした身の根ほっけを使用した一夜干し。根ほっけ特大1尾入り1620円

道産秋鮭を西京味噌でじっくり漬け込んだ一品。こんがり焼いて食べよう。秋鮭西京漬4切れ入り1080円

ホタテと昆布のだしが利いた、あっさりしながらコク深い塩味のラーメン。極み旨塩函館生ラーメン3食入り680円

ベイエリアのおしゃれカフェで ゆるやかな時を過ごす

歴史ある建物をリノベーションした雑貨店やカフェが集まるベイエリア。
どこか懐かしく、ぬくもりある空間でほっとひと息。

▲季節に応じたアフタヌーンティーが楽しめる

MENU
季節のアフタヌーンティー　3200円
・季節のセイボリー＆スイーツ12種
・9種のドリンク（Mighty Leaf teaの紅茶はお替り自由）

ぶいえむじーかふぇ
VMG CAFE

『函館市都市景観賞』を
受賞したホテルでアフタヌーンティーを

「NIPPONIA HOTEL函館 港町」内にある赤
レンガ造りのレトロな非日常間のある雰囲気の
レストランルアンのカフェタイムに楽しめる
「VMG CAFE」。北海道らしいサーモンなどを
使った海鮮のサンドイッチや七飯産りんごや道
産メロンなどの地域のフルーツを使用した季節
ごとのアフタヌーンティーセットやパフェなどが
楽しめる。☎0120-210-289 ⓗ函館市豊川町11-8
ⓣ11時30分～16時30分（LO16時）ⓗ不定休 ⓔ電
停十字街より徒歩4分 ⓟ定型駐車場あり ⓜP122B2

◀サーモンを使ったボリューム感あるサンドイッチ

▲道南七飯町産のりんごを使用したアフタヌーンティー

▶赤レンガ倉庫のレトロな空間でティータイムを

時間があれば
陶芸体験に
チャレンジ

「はこだて工芸舎」では、前日までの予約で参加できる体験陶芸教室が。所要約2時間でカップや小皿作りに挑戦！本焼き後に配送（別料金）も可能。材料費込みで1名3500円（申込みは2名〜）。
☎0138-22-7706 **MAP** P123C2

自家焙煎珈琲 Café TUTU
じかばいせんこーひー かふぇ つつ

モダンカフェでコーヒーブレイク

大正時代の蔵をリノベーションした、ジャズが流れるゆったりとした雰囲気の大人カフェ。こだわりの豆を使った自家焙煎コーヒーは常時8種類ほどを揃えている。人気のパフェは常時5種類ほど揃い、ランチタイムのナシゴレン1560円（サラダ、スープ、コーヒーがセット）なども好評。

1 おすすめのスイーツは自家製ケーキ。珈琲または紅茶が付いて1330円 2 家具はモダンなミッドセンチュリーで統一している

☎0138-27-9199 **住**函館市末広町13-5 **○**11時30分〜20時LO(日曜、連休最終日、17時30分LO(18時CLOSE)) **休**木曜 **交**電停十字街から徒歩2分 **P**4台 **MAP** P124B2

茶房 旧茶屋亭
さぼう きゅうちゃやてい

大正ロマンカフェで甘味に舌鼓

明治末期に建造された海産物問屋兼住宅を改装したカフェ。建造当時のまま受け継がれてきた大正ガラスの格子窓やステンドグラス、ヨーロピアン調の家具が配された店内は大正時代のサロンを再現している。手作りの寒天や白玉を使ったフルーツあんみつセット1300円など、和の食材を使ったスイーツが楽しめる。

1 伝統的建造物に指定されている典型的な和洋折衷様式の建物 2 本日のお菓子が付く、お抹茶お手前お遊びセット1300円〜

☎0138-22-4418 **住**函館市末広町14-29 **○**11時30分〜17時 **休**木曜 **交**電停十字街から徒歩2分 **P**4台 **MAP** P124B2

MOSSTREES
もすとぅりー

ジャズが流れる大人なカフェ

電停大町の近くに立つ、モスグリーンの外壁が目印のカフェ。ジャズが流れる店内はしっとりと落ち着いた雰囲気。深夜までカフェメニューを注文でき、夜カフェにもぴったり。7種類から選べる人気のパフェのほか、パスタやハンバーグなど食事メニューも豊富。

1 特製パフェ700円とドリップコーヒー400円 2 以前船具店として利用されていた当時の家具が配されている

☎0138-27-0079 **住**函館市大町9-15 **○**11時45分〜14時、17時30分〜23時(土・日曜は11時45分〜23時) **休**月曜 **交**電停大町から徒歩3分 **P**7台 **MAP** P124B1

📖 茶房 旧茶屋亭には抹茶を点てるスペースがあります。

これしよう！
スイーツ自慢の
カフェでまったり
歴史スポット巡りの合間に、
話題のカフェへ行きたい。
(☞P55)

これしよう！
五稜郭タワーに
のぼりたい
タワーの展望室から、五
稜郭のユニークな星型を
眺めよう。(☞P54)

これしよう！
五稜郭公園＆箱館奉
行所で幕末探訪
幕末ロマンを感じるなら、
五稜郭公園 (☞P52) と箱
館奉行所 (☞P55) へ。

当時の姿を再現し
た箱館奉行所

五稜郭タワー内のアトリウム

ロマン漂う歴史エリア

五稜郭周辺

ごりょうかくしゅうへん

こんなところ

箱館戦争（1868〜69年）の舞台となった、
星型の城塞・五稜郭を中心としたエリア。
城塞は現在、公園として一般公開されてお
り、多くの観光客が訪れる。城塞の真横に
立つ五稜郭タワーや箱館奉行所などがみど
ころ。周辺のカフェやレストランでひと息
いれながら、幕末ロマンにふれてみよう。

access

●函館駅から
【市電】
電停函館駅前から約16分、
電停五稜郭公園前下車

●函館空港から
【バス】
空港循環バス「とびっこ」で約
30分、五稜郭下車

問合せ
☎0138-23-5440
函館市観光案内所

～五稜郭周辺 はやわかりMAP～

6 夏井珈琲 Brücke（☞P55）

1 五稜郭公園（☞P52）

2 箱館奉行所（☞P55）

3 函館麺厨房あじさい 本店（☞P86）

4 五稜郭タワー（☞P54）

5 パティスリー ショコラティエ シュウェット カカオ（☞P85）

START・GOAL 五稜郭公園前

街の美術館 パブリックアート

電停五稜郭公園前から五稜郭公園までの道のりに8つある。

五稜郭公園の表玄関はここ

公園の入口、一の橋。北側にある裏門橋からも入園できる。

観光のヒント

観光後、ナイトスポットで一杯いかが？

五稜郭周辺はカフェやレストランのほか、料理がおいしい居酒屋も多い。とっておきの料理とお酒で、旅の1日を締めるのもおすすめ。

裏門橋 · 市立中央図書館 · 五稜郭緑地 · 函館中央署 · 五稜郭 · 二の橋 · 一の橋 · 函館市 函館美術館 北洋資料館 · 五稜郭公園 入口 · 千代田小 · ルートイングランティア 函館五稜郭 · 五稜郭公園入口 · 函館五稜郭病院 · 梁川公園 · 五稜郭 函館本町局 · 五稜郭 · 丸井今井 · 函館市電 · ホテル法華クラブ函館 · LC五稜郭ホテル · 中央病院前・函館駅前へ

五稜郭周辺

おすすめコースは **3時間30分**

まずは五稜郭周辺エリアのハイライト、五稜郭公園へ向かおう。園内を散策したら箱館奉行所、五稜郭タワーと見逃せないスポットを巡る。散策途中のカフェブレイクもお忘れなく。

スタート		1		2		3		4		5		6		ゴール
		見学		見学		たべる		見学		買い物		カフェ		
電停五稜郭公園前	▶ 徒歩15分	五稜郭公園	▶ 徒歩すぐ	箱館奉行所	▶ 徒歩6分	函館麺厨房あじさい本店	▶ 徒歩1分	五稜郭タワー	▶ 徒歩6分	パティスリーショコラティエシュウェットカカオ	▶ 徒歩9分	夏井珈琲Brücke	▶ 徒歩3分	電停五稜郭公園前

星形の歴史スポット
いざ、五稜郭公園へ！

箱館戦争の舞台となり、激しい戦いが繰り広げられた城塞、五稜郭。
幕末の名残や豊かな自然のなかを散策できる公園として開放されています。

早わかり年表

奉行所の設置

▶ **享和2年(1802)**
江戸幕府が蝦夷奉行(のちの箱館奉行)設置。翌年、箱館山の麓、現在元町公園がある場所に奉行所を建造。

▶ **文政4年(1821)**
松前藩へ領地返還のため奉行所を閉鎖。

▶ **安政元年(1854)**
日米和親条約締結。ペリーが箱館へ来港。外交交渉、防衛のために元町の箱館奉行所が復活。

五稜郭の築造

▶ **安政4年(1857)**
箱館奉行所防衛を目的に、五稜郭着工。

▶ **安政6年(1859)**
国際貿易港として箱館開港。

▶ **文久2年(1862)**
五稜郭中央に箱館奉行所庁舎の建築を開始。

▶ **元治元年(1864)**
箱館山麓から五稜郭内に奉行所が移転して業務を開始。

箱館戦争開始

▶ **明治元年(1868)**
戊辰戦争勃発。旧幕府脱走軍は蝦夷地開拓を目指して箱館へむかい、五稜郭を占拠。

▶ **明治2年(1869)**
旧幕府脱走軍降伏、箱館戦争終結。

▶ **明治4年(1871)**
奉行所庁舎および付属施設を解体。

〜現代

▶ **大正3年(1914)**
五稜郭を公園として一般公開。桜の植樹が始まる。

▶ **平成22年(2010)**
4年の工事を経て、箱館奉行所を復元。

五稜郭とは

箱館奉行所を護るため、安政4年(1857)に築造が始まった西洋式の土塁で、日本で初めての西洋式城塞としても有名。面積は約25万㎡あり、東京ドームの約5倍の広さ。国指定特別史跡。

堀の回りをぐるりと散策できる。桜の名所としても知られる

季節ごとのお楽しみ

春のみどころは桜

桜の植樹が始まったのは、大正3年(1914)に五稜郭公園として一般公開されてから。今ではソメイヨシノを中心に、約1500本もの桜の木が植えられている。

冬の名物、五稜星の夢

五稜郭の堀を約2000個の電球で飾り、星形を光で浮かび上がらせるイルミネーションイベント。
☎0138-51-4785(五稜郭タワー内・実行委員会) ⏰12〜2月の17〜19時(予定)

ごりょうかくこうえん
五稜郭公園

☎0138-31-5505(五稜郭公園管理事務所) 🏠函館市五稜郭町44 ¥入園無料 ⏰5〜19時(11〜3月は〜18時) 🈺無休 🚃電停五稜郭公園前から徒歩15分 🅿なし、周辺駐車場利用(有料) MAP P125B1

なぜ星形なの？

五稜郭が5つの頂点をもつ星型なのは、各頂点に大砲を設けることにより互いに援護し合えて、敵の侵入を防ぐのの効率が良いから。

Ⓐ 石垣

敵の侵入を防ぐため、石垣の上に板石を張り出させた武者返しを設けている。高さ5〜7m。

Ⓑ 堀

周囲約1800mには、深さ4〜5mの堀が巡らされている。幅は最大で30mあり、外敵の侵入を防ぐために作られた。

Ⓒ 稜堡（りょうほ）

土塁の先端に大砲を設け、防御の死角を無くすよう設計。ヨーロッパで発達した築城理論を取り入れている。

五稜郭公園案内図

- ←電停市電五稜郭公園前へ
- Ⓟ 市営観光駐車場
- 裏門橋
- 石垣　裏門
- 売店
- Ⓔ 兵糧庫　Ⓓ 大砲　井戸　見隠し塁　稜堡 Ⓒ
- 武田斐三郎先生顕彰碑 Ⓕ
- 一の橋
- Ⓖ 箱館奉行所 P.55
- 空堀
- 見隠し塁
- 表門
- ⚑ 五稜郭タワー P.54
- 二の橋
- 見隠し塁
- 五稜郭公園
- 半月堡
- Ⓐ 石垣
- 稜堡
- Ⓑ 堀

Ⓔ 兵糧庫

唯一当時のままの姿を残す建物。明治時代には、堀の水を凍らせて作った天然氷「函館氷」の保存にも使われていた。

Ⓓ 大砲

箱館戦争当時に使用された大砲が残る。手前のブラッケリー砲は箱館港で、奥のクルップ砲は軍艦・朝陽で使われた。

Ⓕ 武田斐三郎先生顕彰碑

五稜郭を設計した江戸時代の蘭学者。航海術や築城術に秀でる。レリーフの顔にふれると、頭が良くなると信じられている。

冬

雪が降り積もると幻想的な風景が広がり、情緒たっぷり。旧幕府軍が五稜郭を占領した日も雪景色だったという。

秋

青葉が紅く色づき、風情あふれる風景が楽しめる。桜の名所として有名だが、紅葉狩りにもぴったり。

夏

新緑が眩しい夏。初夏には白や淡い紫色の花が咲く藤のトンネルが見られ、ツツジも鮮やかな花を咲かせる。

春

園内の約1500本の桜が満開になるのは5月上旬ごろ。花見をする市民や観光客が増える賑やかな季節。

📖 五稜郭公園では7月上旬〜8月上旬の週末を中心に、函館の歴史を題材とした市民創作「函館野外劇」が上演されています。

幕末へタイムトリップ！
五稜郭タワーと箱館奉行所へ行こう

五稜郭をより堪能するなら、五稜郭タワーと箱館奉行所へはぜひ足を運びたい。
展望台から星型を確認したり、江戸の薫り漂う大建築に思いをはせてみませんか？

ごりょうかくたわー
五稜郭タワー

五稜郭の星型を真上からチェック

地上90mの高さから五稜郭の全貌を見下ろせる、函館のランドマーク。展望室は2階に分かれており、どちらからも360度のパノラマで景色が楽しめる。五稜郭のほか、函館山や函館市街、津軽海峡、横津連峰も見渡せる。タワーの1・2階にはカフェやレストラン、みやげ店などが入っている。

☎0138-51-4785 🏠函館市五稜郭町43-9
💴入館無料（タワー展望室は1000円）🕘9〜18時（展望台チケットの販売は17時50分まで）
🈺無休 🚃電停五稜郭公園前から徒歩15分
🅿なし、周辺駐車場利用（有料）
MAP P125B2

▲展望室2階からの眺め

五稜郭タワー内をご案内

展望室2階
高さ90mから迫力満点の眺望が広がる。五稜郭や函館の歴史が学べる展示「五稜郭歴史回廊」もある。

▲模型は、実物の250分の1の大きさ

展望室1階
▶高所恐怖症の人は気をつけて

高さ86m。床の一部がガラスになったシースルーフロアがある。スリル満点なので、思わず足がすくんでしまう！？

▲箱館戦争で土方歳三が新政府軍に立ち向かっている様子の模型もある

新選組の局長湯呑605円。新選組の隊士名が書かれている

五稜郭タワーのマスコットキャラ・GO太くんぬいぐるみ（S）748円

2階
ほっとひと息つけるカフェから、函館ならではのメニューが味わえる食事処まで、各種飲食店が並んでいる。

▲MILKISSIMOのミルクジェラート。ダブル550円

◀レストラン五島軒 函館カレーEXPRESSでカレーを

1階
展望台へのチケットを扱うタワーチケットカウンターやみやげ店がある。ここでしか買えないオリジナルグッズも。

▲アトリウムに土方歳三の像と大砲の模型が飾られている

屋根瓦
105種類、3万8000枚もの瓦を使用。創建当時に見られた瓦の色むらを再現するため、4色の棧瓦で葺いている。

太鼓櫓
太鼓で時を告げた場所。かつては函館湾まで見渡せた。

はこだてぶぎょうしょ
箱館奉行所

※1月2〜3日のみ9〜15時営業
※時期により、臨時休館あり

往時の姿をそのまま復元

江戸時代に幕府の役所として設けられた。初めは今の元町公園にあったが、開港にともない五稜郭を築造し、新築・移転。箱館戦争後に解体されたが、2010年に復元され、人気の観光スポットとなっている。昔の資料を元に、建築様式や木材の種類まで当時にならって再現された。

☎0138-51-2864 🏠函館市五稜郭町44-3 ¥入館500円 🕐9〜18時（11〜3月は〜17時）、最終入館は閉館時間の15分前 休無休 🚃電停五稜郭公園前から徒歩18分 Pなし MAP P125B1

4つのゾーンに分かれた館内を見学

奉行所の内部は大きく4つのゾーンに分けられており、それぞれみどころがある。

再現ゾーン
年中行事が行われた大広間や、奉行と外国領事が対談した表座敷などが見学できる。

[箱館奉行所館内図]
建築復元ゾーン／映像シアター／歴史発見ゾーン
足軽詰所／同心詰所／詰同心便座役所／定役手附／調役並役／調役御役所／出口／内玄関／受付／玄関／入口／[談所]／太鼓櫓 中庭／(中番詰所)／四之間／参之間／弐之間／壱之間／(近習詰所)／武器所／表座敷
再現ゾーン

▲計72畳の大広間。一番奥の壱之間には奉行・組頭・調役が出座した

▲釘の頭を隠す釘隠にも精巧な模様が
▲マツ材を使った太い梁が確認できる

歴史発見ゾーン
箱館奉行所をはじめ、五稜郭や箱館戦争の歴史を、パネルを使って分かりやすく解説。

映像シアター
4年にわたり行われた箱館奉行所復元の様子を、約17分の映像で紹介している。

建築復元ゾーン
復元の際に使用された資料等の紹介と発掘品を展示。パソコンで挑戦するクイズも。

電停五稜郭公園前周辺の カフェ＆レストラン

なついこーひーぶりゅっけ
夏井珈琲Brücke
キュートな店内でまったり気分

目印はグリーンの三角屋根。特製ラズベリーソースを使ったモンレープラズベリー750円、夏井珈琲ブレンド550円は人気。

☎0138-52-3782 🏠函館市五稜郭町22-5 🕐11〜17時（20時LO）休水曜（祝日の場合は営業）🚃電停五稜郭公園前から徒歩16分 P7台 MAP P125A1

じかばいせんこーひー ぴーべりー
自家焙煎珈琲 ピーベリー
緑に癒やされながらほっと一息

五稜郭公園の自然を感じられる、テラス席のあるカフェ。ケーキセット850円などのスイーツはすべて手作りしている。

☎0138-54-0920 🏠函館市五稜郭町27-8 🕐9〜18時（11〜3月は9時〜）休月曜、第2火曜 🚃電停五稜郭公園前から徒歩12分 P10台 MAP P125A1

しえすたはこだて
シエスタハコダテ
市電五稜郭公園電停前の、黒い外観が目印 グルメや雑貨の買い物もできる複合ビル

地下から3階には無印良品があるほか、4階フロアにはロックバンドGLAYの功績を称えるコミュニティスペースがありギターなども展示されている。

☎0138-31-7011 🏠函館市本町24-1 🕐店舗によって異なる 休無休 🚃電停五稜郭公園前から徒歩1分 P提携駐車場あり MAP P125A3

2階にある無印良品の木育広場

4階にあるロックバンドGLAYのレリーフ

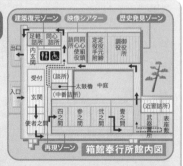

📖 五稜郭タワーからの眺望は、朝は逆光となるので、午後がおすすめです。

函館にゆかりのある
幕末を駆け抜けた偉人を学ぼう

函館には、開港してから幕末まで、激動の時代を生きた男たちの足跡が残っています。
彼らにゆかりのあるスポットを少し勉強して、足を運んでみませんか？

{ ひじかたとしぞう
土方歳三 }

箱館戦争で散る、新選組「鬼の副長」

天保6年（1835）、東京多摩郡生まれ。文久3年（1863）に近藤勇らと新選組を結成し、副長に着任。慶応3年（1867）の大政奉還後、新政府軍と旧幕府軍の戊辰戦争で活躍するが、敗戦。局長の近藤勇らは新政府軍に投降するもこれを潔しとせず、榎本武揚らと蝦夷へ渡った。箱館戦争では陸軍奉行並として奮闘するも一本木関門の防衛戦で戦死されたとされる。

箱館戦争とは？

幕末から明治初期に、新政府軍と旧幕府軍の間で行われた戊辰戦争の最終の戦い。明治元年（1868）に蝦夷地へ渡った旧幕府軍が蝦夷共和国を設立するも、新政府軍に許されず戦争へ突入。翌年、旧幕府軍の全面降伏により終結。

たとひ身は
蝦夷の島根に朽ちるとも
魂は東の
君やまもらん

▶五稜郭タワーのアトリウムにある土方歳三像

土方歳三ゆかりの
スポットはどこ？

供養碑は火災により3度消失し、現在見られるのは昭和48年に建てられたもの

しょうみょうじ
称名寺

新選組の屯所に使われた寺で、箱館戦争で戦死した土方歳三と新選組隊士の供養碑がある。土方の出身地である、日野市金剛寺には「箱館の称名寺に供養碑を建てた」と記された過去帳が残っている。

☎0138-23-0574 ⊞函館市船見町18-14 ⏰9〜16時 🚋電停函館どっく前から徒歩10分 🅿30台 MAPP122A1

今もなお、線香や供花が絶えない

ひじかたとしぞうさいごのちひ
土方歳三最期の地碑

土方が命を落としたとされる場所には諸説あるが、その中の一つである一本木関門のあった若松町には土方歳三最期の地碑が置かれている。今も多くの土方ファンが訪れる。

☎0138-23-5440（函館市観光案内所）⊞函館市若松町33 💴見学自由 🚉JR函館駅から徒歩15分 🅿なし MAPP120B2

石川啄木函館記念館と同じ建物にある

ひじかた・たくぼくろまんかん
土方・啄木浪漫館

古刀「和泉守兼定」をはじめ、土方や新選組隊士の使用した刀の同年作などを展示。土方の生涯を紹介するオリジナル映像も必見だ。

☎0138-56-2801 ⊞函館市日乃出町25-4 💴入館800円 ⏰9〜18時（11〜3月は〜17時）※最終受付は1時間前 🈺無休 🚉JR函館駅から函館バス日吉営業所行きで10分、🚏啄木小公園下車すぐ 🅿16台 MAPP121C2

「碧血」は、中国故事の、「忠誠を尽くし亡くなった者の血は、3年後に地中で碧玉（青い宝石）となる」に由来する

へっけつひ
碧血碑

土方歳三をはじめ、箱館戦争における約800人の戦死者を弔う慰霊碑。当初、旧幕府軍の戦死者は新政府軍により埋葬が許されなかったが、有志により供養された。

☎0138-23-5440（函館市観光案内所）⊞函館市谷地頭町1 💴見学自由 🚋電停谷地頭から徒歩15分 🅿なし MAPP120A3

箱館開港物語

安政元年（1854）に日米和親条約が締結され、下田と箱館の開港が決定すると、ペリーはその足で箱館へと向かい、視察を行った。最初は警戒していた箱館市民だったが、ペリーをはじめ乗組員たちの友好的な態度により、次第に開港を歓迎するように。安政6年（1859）には横浜、長崎とともに国際貿易港として開港し、街には各国の領事館が並んだ。洋食レストランやコーヒーなど、多くの西洋文化が流入し、「世界のハコダテ」として発展していった。

ましゅー・かるぶれいす・ぺりー
Matthew Calbraith Perry

黒船で来航。日本に開国を求めた

アメリカ海軍の家庭に生まれ育ち、自らも1809年に海軍に入る。1852年に東インド艦隊の司令長官に就任。太平洋における捕鯨船の給油地や中国との貿易の中継地点として利用するため、日本開国の指令を受ける。嘉永6年（1853）黒船を率いて神奈川県の浦賀に来港。翌年、幕府と日米和親条約を結び、下田と箱館を開港させた。海軍士官の教育の先駆者ともされ、後に「蒸気船海軍の父」と称された。

M.C.ペリーゆかりの スポットはどこ？

▲ペリー広場に立つペリーの像。函館港を見下ろしている

ぺりーひろば
ペリー広場

元町公園の下にある小さな広場で、帽子を取り函館港を見下ろすペリーの銅像が立っている。2002年に、ペリーの函館来航150周年を記念し、ペリー広場と命名された。

☎0138-23-5440（函館市観光案内所）
🏠函館市弥生町2 ¥散策自由 🚃電停末広町から徒歩6分 🅿なし **MAP**P124A1

はこだてしりんかいけんきゅうじょ（おきのくちばんしょあと）
函館市臨海研究所（沖之口番所跡）

ペリーが函館に来航した際に上陸した場所で、松前藩が船舶や貨物の徴税を行う番所があった。現在は函館市の臨海研究所となっている。

☎0138-27-7301 🏠函館市大町13-1 ¥入場無料 🕘9～17時 休土・日曜、祝日 🚃電停大町から徒歩1分 🅿11台 **MAP**P124B1

ぺりーかいけんじょあと
ペリー会所跡

©函館市中央図書館所蔵

ペリーが松前藩家老の松前勘解由らと会見を開いた場所。会見場所は豪商・山田屋寿兵衛宅で、現在は小さな標柱が残っている。

☎0138-23-5440（函館市観光案内所）
🏠函館市弁天町15 ¥見学自由 🚃電停大町から徒歩3分 🅿なし **MAP**P122A1

たかだやかへえ
高田屋嘉兵衛

私財を投じ、町を発展させた函館の恩人

江戸中期の廻船業者、海商。明和6年（1769）淡路島生まれ。北前船による箱館と本州との交易を発展させ、また国後・択捉の航路開拓に成功、箱館の漁業の基を築いた。文化3年（1806）の大火で町の大半が焼失した際、被災者の救済、町の復興に尽力、井戸の設置・道路の改修、開墾、造船などを行って箱館の発展に尽くした。彼の生涯は司馬遼太郎の『菜の花の沖』に描かれている。

えのもとたけあき
榎本武揚

才覚を重んじられた敗軍の将

江戸末期には実質的に幕府海軍のトップ、明治新政府では外交官、政治家。文久2年（1862）オランダに留学し、国際法や軍事・造船・船舶関連を学んだ。帰国後、戊辰戦争で幕府海軍を率いて軍艦「開陽丸」で戦い、旧幕臣の保護を嘆願して五稜郭に入るが敗戦。降伏前にオランダから持ち帰った書写・脚注入りの「海律全書」を新政府に送ったことから、その非凡な才能を買われて助命。のちに日本の近代化に貢献した。

榎本武揚ゆかりの スポットはどこ？

やながわこうえん
梁川公園

亀田川沿いの桜の名所。交通公園を併設。五稜郭で戦った榎本武揚の功績をたたえ、2012年に銅像が設置されている。公園名と、このあたりの町名は、彼の号梁川（りょうせん）に因む。

☎0138-23-5440（函館市観光案内所）
🏠函館市梁川町24-2 ¥散策自由 🚃電停五稜郭公園前から徒歩8分 🅿なし **MAP**P125A2

これしよう！

ピチピチ新鮮な カニやイカを食べたい

港町に来たらはずせない、新鮮な海産物。おみやげにも◎。(☞P60)

網元直営の店で、新鮮な海の幸を

これしよう！

いろんな海鮮丼から 選びたい

手軽に海の幸を味わえるのが、函館朝市どんぶり横丁市場。(☞P62)

これしよう！

屋台グルメで 函館の夜を満喫

バラエティ豊かな屋台が並ぶ大門横丁で、夜遊びしちゃおう！(☞P64)

朝から晩まで港町のグルメ三昧

函館駅周辺

はこだてえきしゅうへん

函館朝市では、ショッピングもイートインも満喫できる

現在の函館駅

こんなところ

函館駅の周辺には、北海道の味覚が楽しめるスポットが集中。早朝から活気あふれる函館朝市は、港町・函館の名物。海産物をはじめ、函館近郊でとれた食材を扱う店がずらりと並ぶ。海鮮居酒屋やラーメンなどの屋台が集まる大門横丁は、函館グルメが味わえるナイトスポット。

a c c e s s

●函館空港から
【バス】
シャトルバスで約20分、函館駅前下車

問合せ
☎0138-23-5440
函館市観光案内所

〜函館駅周辺 はやわかりMAP〜

観光のヒント
観光資料が充実の
観光案内所へ
函館駅構内にある函館市観光案内所では、市内のみどころやレストラン、カフェの案内をしてくれる。市電の1日券も販売。

五稜郭へ↑

JR北海道
函館支社

大沼国道

函館湾

1 函館朝市
（☞P60）

2 函館朝市
どんぶり横丁市場
（☞P62）

3 函館市青函連絡船記念館
摩周丸
（☞P66）

函館本線

ハコビバ

ルートイングランティア
函館駅前

函館駅

珈琲焙煎工房 函館美鈴
大門店 **4**
（☞P71）

函館ひかりの
大門横丁

START

GOAL

函館駅前

キラリス函館

プレミアホテル
-CABIN PRESIDENT-函館

東急ステイ
函館朝市灯の湯

棒二
森屋前

恵山国道

ともえ大橋から
津軽海峡を一望
海側に歩行者専用道路があり、函館山も眺められる。

ホテルニューオーテ
函館駅前局

函館朝市前

東横INN函館
駅前朝市
HAKODATE 男爵倶楽部
HOTEL&RESORTS

ホテルリソル函館

東横INN
函館駅前大門

278

松風町へ

5 まるごと北海道ストア
えぞりす by ねばねば本舗
（☞P91）

279

0　100m

市役所前へ↓

函館駅周辺

おすすめコースは
3時間

函館駅を出発したらまずは函館朝市へ。買い物の後は、朝市内にあるどんぶり横丁で海鮮丼を堪能。朝市の裏から歴史スポットへ行ったら、最後は海鮮以外のおみやげをチェック。

スタート	1	2	3	4	5	ゴール
	買い物	たべる	見学	カフェ	買い物	
JR函館駅	函館朝市	函館朝市どんぶり横丁市場	函館市青函連絡船記念館摩周丸	珈琲焙煎工房函館美鈴 大門店	まるごと北海道ストア えぞりす	電停函館駅前

徒歩2分 ▶ 徒歩すぐ ▶ 徒歩4分 ▶ 徒歩12分 ▶ 徒歩2分 ▶ 徒歩2分 ▶ 徒歩2分

活気あふれるパワースポット
函館朝市でお買いもの

買い物は、あさいっちゃんマークのついた函館朝市協同組合連合会推奨店で！

函館に来たら、やっぱり朝市！新鮮な海の幸がずらっと並ぶ光景に、心弾むこと間違いなし。小腹が空いたらテイクアウトフードもあります。

欲しいものを見極めて、質問や試食は積極的に！ベストタイムは朝6〜8時ごろ

▼函館食道の根ほっけ一夜干しは、恵山沖などでとれる函館産のみを使用。400g前後で1枚756円、宅配もOKだ。上品な脂のりが特徴で人気あり！

はこだてあさいち
函館朝市

函館の味がずらり！
定番市場ははずせない

戦後に開かれていた闇市をルーツとする市場。四方約1万坪の範囲内に、北海道で水揚げされた海産物をはじめ、野菜や果物など約250もの店がひしめく。

☎0138-22-7981（函館朝市協同組合連合会）🏠函館市若松町9-19 🕐店により異なる 🚃JR函館駅から徒歩1分 🅿52台（有料）
MAP P123C1

こんな市場が集まっています

どんぶり横丁市場
海鮮丼を出す食堂やラーメン店などが並ぶ。（☞P62）

えきに市場
函館朝市の中央に広がる室内型市場。鮮魚からお菓子まで揃う。

塩干市場
主に魚介の干物など、水産加工物の販売店が入る。

カネニのかにまん茶屋
函館朝市ひろば
巴通り
塩干市場
朝市大通り
朝市食堂二番館 P.63
元祖活いか釣堀
朝市沖通り
味処 きくよ食堂 P.63
えきに市場
味の一番 P.62
朝市食堂馬子とやすべ P.62
味鮮 まえかわ P.63
たい焼き茶屋北菓り
花亭 たびじ P.63
朝市の味処茶夢 P.72
西駐車場
朝市お食事処 道下商店 P.62
JR函館駅
どんぶり横丁市場 P.62

はこだてあさいちひろば
函館朝市ひろば

歴史ある名物市場

函館朝市の象徴でもあり、半世紀以上も親しまれてきた「渡島ドーム」が前身の市場。青果、海産物、みやげ品などが並ぶ「物産街」、生産者が持ち寄る「産直市」、海鮮丼やラーメンなどの飲食店が集まる「フードコート」の3エリアに分かれ、2階では多彩なイベントが催される。

☎0138-21-1050（函館朝市まちづくりの会）🏠函館市若松町9-22 🕐5〜15時が目安 🕐店舗により異なる 🚃函館駅から徒歩3分 🅿200台（有料）MAP P60

▲海鮮丼やラーメンなど7店舗が入ったフードコート ▲2階はイベントホールなどがある

▶リンゴと小松菜をミックスしたフレッシュジュース（Lサイズ）750円（agristand）

ぜひ買いたい！ 函館朝市の海産物

元祖活いか釣堀でイカ釣り体験！

「えきに市場」の中央に設けられた釣り堀で、イカ釣り体験ができる（1尾600円〜、時価）。釣ったイカをさばいてもらい、その場で食べられる。☎0138-22-5330

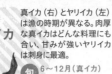

イカ

真イカ（右）とヤリイカ（左）は漁の時期が異なる。肉厚な真イカはどんな料理にも合い、甘みが強いヤリイカは刺身に最適。

旬 6〜12月（真イカ）
1〜5月（ヤリイカ）

カニ

タラバガニ（手前）は大きな足に身がつまって、食べ応え満点。毛ガニ（奥）は小型だが、カニミソや身の味が濃厚。

旬 6〜7月（毛ガニ）
通年（タラバガニ）

シシャモ

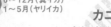

シシャモは北海道の特産魚で、道南の鵡川産の本シシャモは特級ブランドとして有名。秋の産卵期には子持ちも獲れる。

旬 10〜11月

鮭

獲れる時期により名称が異なる。道央の漁獲量も多く、日高産の銀星、知床産の羅臼などは貴重なブランド鮭として知られる。

旬 5〜6月（時鮭）
8月中旬〜10月（秋鮭）

ホタテ

通年収穫されるホタテは、近year噴火湾などでの養殖も盛ん。柔らかい貝柱は、刺身はもちろん、バター焼きにもぴったり。

旬 11〜3月

蝦夷アワビ

おもに噴火湾で獲れる。ほかのアワビ類よりも小振りで、殻の表面にしわが多い。刺身のほか、踊り焼きでも食べられる。

旬 3月下旬〜6月下旬

ウニ

北海道のウニは2種類。旬の時期が異なり、身がオレンジ色のバフンウニ（手前）は秋頃、黄色い身のムラサキウニ（奥）は秋〜春が旬。

旬 9〜11月（バフン）
11〜5月（ムラサキ）

ボタンエビ

噴火湾産のボタンエビは身がプリプリ。春と秋に旬を迎え、秋には子持ちボタンエビが。焼いても揚げても、刺身でも楽しめる。

旬 3〜5月
9〜11月

ホッケ

シマホッケと真ホッケの2種類がある。海底に住み、回遊せず育った真ホッケは根ボッケと呼ばれ、脂がのって美味。

旬 4〜6月

はこだてじゆういちば
はこだて自由市場

プロの調理人ご用達の市場

函館駅から徒歩10分ほどに位置し、鮮魚店や青果店が連なる市場。質が高いことで知られ、寿司職人や板前なども仕入れに訪れる。イカ、サケ、干物など、専門店が揃っているのも特徴だ。飲食店やカフェも併設。毎月8・18・28日は自由市場特売日「自由8の市」を開催している。

▲恵比寿通りには鮮魚店がずらりと並んでいる

☎0138-27-2200（函館自由市場協同組合）⬩函館市新川町1-2 ◐7〜17時（店舗により異なる）❌日曜（5・8・12月は臨時営業あり）🚃電停新川町から徒歩3分 Ⓟ50台 ⓂAP P123D1

▲中村鮮魚店では秋には毎日15〜20kgのイクラを仕込む ▲市場で購入した食材を焼くことができる炭火焼きコーナーも用意

 函館朝市は、札幌の二条市場、釧路の和商市場と並んで北海道三大市場と呼ばれています。

キラキラ輝く豪華な海鮮丼は
海の幸が大集合する「函館朝市」へ！

新鮮な海の幸を味わうなら、海鮮丼で決まり！
朝からがっつり頬ばりたい、名物どんぶりをセレクトしました。

朝市五色丼 2000円
5種類の具材がのった豪華な丼。彩り鮮やかな見た目も食欲をそそる。

5色の魚介の豪華コラボ

あじのいちばん
味の一番

丼はじめ豊富なメニュー

朝市内の従業員食堂としてオープンした老舗。近海産の魚介を使用し、海鮮丼ほか、定食、ラーメンなどバリエーションも豊かで、海外の観光客にも喜ばれている。自家製の醤油漬けイクラが評判。

明るく広い店内には座敷やテーブル席も設けている

☎0138-26-5587 ⏰7時〜14時 休1月4〜8日
MAP P60

一番丼 3200円
自家製イクラに、大粒の道産ホタテほか、カニ、ウニ、イカと豪快なトッピング！

当店人気ナンバー1

あさいちしょくどう まことやすべ
朝市食堂 馬子とやすべ

行列ができる人気店

メニューは海鮮丼だけで30種類以上。贅沢な具材がのったボリューム満点のどんぶりを、お手頃価格で堪能できる。脂がのった紅鮭のハラスと自家製のイクラがのった森丼1600円もおすすめ。

黄色い看板が目印

☎0138-26-4404 ⏰6時45分〜14時30分(夏期は〜16時が目安) 休水曜(祝日の場合は前日か翌日)
MAP P60

キラリ光る活アワビにくぎづけ！

テーブルと小上がりがある食堂

あさいちおしょくじどころ みちしたしょうてん
朝市お食事処
道下商店

地元密着！ 1210円から海鮮丼を

50年以上の歴史がある老舗店。看板メニューは、ウニと、地元で獲れた活アワビとイクラを惜しみなくトッピングした、うにいくらあわび丼。アワビや活イカは、注文後に生け簀から出してさばくため、新鮮だ。

うにいくらあわび丼 3300円
コリコリの蝦夷アワビにイクラ、生ウニをプラスした、ゴージャスなどんぶり。

☎0138-22-6086 ⏰6時〜21時(LO20時30分) 休不定休 MAP P60

どんぶり横丁で名物定食！
どんぶり横丁内「味鮮 まえかわ」では、人気を集めている名物定食がある。紅サケのハラスにイカ刺、松前漬け、厚焼き玉子などの小鉢が付く、けい子ば〜ちゃんの好物定食1980円（写真）だ。☎0138-23-3057 MAP P60

いっかてい たびじ
一花亭 たびじ
しょう油をたらすと踊り出す！

名物は活いか踊り丼で、どんぶりにどかん！とのったイカに驚かされる。店内にはイカが泳ぐ生け簀が置かれ、注文を受けるとそこから出して調理をする。女性向けの小ぶり丼や子供向けのメニューもある。

2階には、団体客が利用できるテーブル席もある

☎0138-27-6171
🕐6〜14時 休無休
MAP P60

味も価格も超ウレシイ

五目丼 550円〜
豪華食材全9種の内容は、近海産のホタテやカニのほか、イクラ、トビッコなど。

あさいちしょくどうにばんかん
朝市食堂二番館
美味なる海鮮丼を
驚きの低価格で提供！

えきに市場直営の食堂。6種類の海鮮丼が各550円で食べられ、話題を集めている。五目丼やイカ刺丼ほか、北海道ならではのジンギスカン丼も、ボリュームたっぷりで観光客にオススメだ。

イカ刺丼550円函館でとれる新鮮なイカはコリコリして食べ応え満点

☎0138-22-5330 🕐6時30分〜13時30分 LO 休1〜6月、10・11月の第3水曜 MAP P60

ゲソは焼いても刺身がお好みで食べるか

活いか踊り丼 2080円（変動あり）
店内の生け簀から出してさばく活イカは、醤油をかけると動くほど新鮮。

あじどころ きくよしょくどう
味処 きくよ食堂
食材へのこだわりが光る
老舗食堂

昭和31年（1956）創業。朝市仲通り沿いに店を構える。釜で炊きあげたご飯は甘みと弾力があり、魚介のうまみをさらに引き出す。サーモン親子ユッケぶっかけ丼1738円などの新メニューもある。

☎0138-22-3732 🕐6時〜14時（1〜4月下旬は〜13時30分）休無休 MAP P60

テーブル席が並ぶ明るい店内

人気のウニ、イクラ、ホタテがたっぷり！

元祖函館巴丼 2288円
塩水ウニと自家製のイクラ、道産のホタテを使用。ミニ丼も用意しており1958円。

函館ひかりの屋台 大門横丁で
はしご酒を楽しもう！

JR函館駅からほど近いところに、地元客にも観光客にも愛される屋台村が。
夜が更けると灯り始める赤提灯を目印に、ふらりと呑みにいきませんか？

▲みんなで楽しく話して飲もう！
（炉ばた 大謀）▶赤提灯と看板がよく目立つ

はこだてひかりのやたい
だいもんよこちょう

函館ひかりの屋台
大門横丁

グルメとお酒とおしゃべりを

海鮮自慢の居酒屋やラーメン店、バーなど26店が軒を連ねる屋台村。お気に入りの1軒でじっくり飲むもよし、数件をはしごするもよし。隣り合った常連さんとの話も楽しい！

☎0138-24-0033（施設管理：はこだてティーエムオー）⊕函館市松風町7-5 ⊕店舗により異なる ⊗JR函館駅から徒歩5分 ℗なし
ⓂⒶⓅP123D1

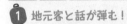
横丁の楽しみ方

1 地元客と話が弾む！

店はどこも小ぢんまりとしており、カウンターだけという店も多いので、隣の客との距離も近い。たまたま隣り合った地元客とも、すぐ仲よくなれちゃう。

お酒が入れば、みんな友達！

2 はしごが断然楽しい！

26店はどれも実に個性的！海鮮から焼きものなどの食事系にしっとり飲みたいバー、さらに〆のラーメンまで揃っていて、どれも至近距離という手軽さ。

〆はラーメンで決まりっしょ！

※行事につきましては、2023年は変更となる場合があります。ご了承ください。

限定イベント、大門バル

大門横丁では、周辺飲食店と共にフード・ドリンクのセットが700円で味わえる「大門バル」を年に3回開催している。2023年6月より再開予定。

函館駅周辺 ● 大門横丁でカンパ〜イ！

浜の家庭料理を堪能

A ろばた だいぼう
炉ばた 大謀

南茅部の網元直営店ならではの、新鮮な食材を使った料理を用意。真イカ刺しを目当てに訪れる人も多い。☎0138-22-3313 ◐17〜23時 休無休

▲地場産品応援の店の証である緑提灯がかかる

▶脂がのった宗八ガレイ一夜干750円〜（販売時期はその年により異なる）

▲その日に水揚げされた新鮮な活〆真イカ刺（ゴロ付）800円。6月〜12月中旬限定販売

七輪で焼くジンギスカンを堪能

B らむじん
ラムジン

コの字型のカウンターには七輪が用意されている。一番人気は「生ラム 特上肩ロースセット」2580円。☎090-5223-0837 ◐18〜23時（LO22時）（材料がなくなり次第閉店）休木曜

▲クラフトビールやサイドメニューも充実

▶一番人気は「生ラム 特上肩ロースセット」2580円

◀ジンギスカンらしい風味が楽しめる、なつかしラムスライスセット1980円

北海道のチーズとワインを楽しむ

C いたりあんやたい ぴっころ
イタリアン屋台 ピッコロ

同横丁内「アジアンキッチンチェーズ」の系列店。甘口の函館ワインと道産チーズが楽しめるイタリアン屋台。☎080-8204-6275 ◐17〜25時 休不定休

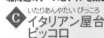
▲イタリアの空のような明るい色合いの外観

▶間違いのない組み合わせトマトとモッツァレラのパスタ920円

◀柔らかい肉質がたまらない牛フィレ肉のタリアータ1350円

旬の魚と地酒をいただく

D はこはちぎょこう
はこはち漁港

店内22席と広く、入りやすいお店。プレミアムサバ880円を目当てに来店する人も。☎0138-26-5361 ◐16〜23時 休不定休

▲気さくなご主人と明るいママさんが出迎えてくれる

▶新鮮な刺身が充実しており人気

◀ホッケ好きにはたまらない根ぼっけ焼1480円

※写真は盛り付けイメージです

駄菓子食べ放題の新感覚バー

E だがしばー 1096
駄菓子バー 1096

生ビールをはじめ、スタンダードなドリンク550円〜。昔なつかしい駄菓子と一緒に楽しめる。☎090-9080-8485 ◐18〜24時 休不定休

▲チャージ550円で駄菓子が食べ放題

▶限定のお酒なども充実している

◀お客さん同士や従業員との距離も近いアットホームなバー

函館ひかりの屋台大門横丁

松風町へ
大門仲通り
高砂通り
函館駅へ

E 駄菓子バー 1096
A 炉ばた 大謀
C イタリアン屋台 ピッコロ
光の広場
D はこはち漁港
B ラムジン

📖 大門横丁では、各店にトイレがないので、共同トイレを利用します。

はこだてロマンティック♡ビュー
海の上の展望台・摩周丸

函館山山頂、五稜郭タワーと並ぶ、函館三大ビューポイント。
西部地区から函館山、駒ヶ岳、トラピスト修道院のある丸山まで360度見渡せます。

コンパス甲板には「函館歴史風景」のエッチングプレートが展示される。ロマンティック♡ビューの名づけ親は、作詞家の湯川れい子さん

はこだてせいかんれんらくせん
きねんかんましゅうまる
函館市青函連絡船
記念館摩周丸

船長さん気分も楽しめる
函館ビュースポット

青函連絡船は日本にあった鉄道連絡船の一つで、青森駅と函館駅を結んでいた。摩周丸は、昭和39年（1964）から続々とつくられた高速・自動化船7隻の第5船で、昭和40年（1965）6月に就航し、連絡船最後の日まで走った。連絡船廃止後、母港函館に保存され、博物館船として余生を送っている。当時のままの操舵室（船橋）・無線通信室が見学できるほか、旧グリーン船室の前部が展示室になっている。

☎0138-27-2500 ⊕函館市若松町12番地先 ¥入館500円（船内ガイドは要予約、無料）⊕8時30分～18時（11～3月は9～17時）⊕無休 ⊕JR函館駅から徒歩4分 ⊕なし ⊕P123C1

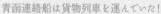 青函連絡船ミニヒストリー

津軽海峡を結んだ80年
明治41年（1908）に比羅夫丸と田村丸の2隻が就航し、国鉄青函連絡船の歴史が幕を開けた。北海道開拓事業の本格化による輸送増強で、大正14年（1925）から船の中に線路を敷き、貨物を貨車ごと積み込む「車両航送」という輸送方法を採用。戦災による全滅、洞爺丸台風という不幸を乗り越え、昭和63年（1988）に青函トンネルにその役目を譲って終航となるまで、80年にわたり、本州と北海道を結ぶ大動脈として活躍した。

 ▲運航ダイヤが保存されていて、日時が分かれば、どの船に乗ったか調べられる。最盛期は13隻で1日30往復もしていた

青函連絡船は貨物列車を運んでいた！
連絡船というと優雅な船旅を思い浮かべる人が多いかもしれないが、青函連絡船の「本業」は貨物輸送だった。函館まで来た貨物列車は、船の後ろから積み込まれ、青森で下ろされて日本各地を目指した。

台風で沈んだのは洞爺丸だけではない！
昭和29年（1954）の洞爺丸台風では、洞爺丸、第十一青函丸、北見丸、日高丸、十勝丸の5隻の連絡船が沈没した。犠牲者総数1430人。どの船も運航を中止し、函館湾内に錨を下ろしたうえでの遭難だった。

 ◀実際の乗り場だった岸壁に係留されている摩周丸

 ▶元青函連絡船乗組員のナビゲーター（ボランティアガイド）が船内を案内、船のしくみや歴史を解説してくれる

◀タラップに足を掛ければもう船旅気分。船の中は旅路のオアシス。函館観光は朝が早い。歩き疲れたら復元座席席やグリーン席でくつろごう

 ▶3階前方は無料休憩所にもなっているサロン。ここからも函館山や西部地区を一望できる。喫茶コーナーもあり、ロシアンティーや「摩周湖のあいす」、ストレートジュースなど、上質なものが提供される

JR函館駅前をフル活用！
駅弁やみやげもここで

1階は物産館を中心に駅弁やスイーツ店、2階は函館で人気のレストランが並ぶ。函館駅限定の商品も多いので、要チェック！

▲夏には駅前の広場にたくさんの花が咲く

HAKOVIVA

▶駅前にドーンと立つHAKOVIVA

函館駅前
はこびば
HAKOVIVA

グルメ横丁と
温泉付きホテルが話題！

JR函館駅前に「幸せを運ぶ場」をコンセプトに2019年に登場した複合施設。函館グルメを楽しめるスクエアサイドには、昭和の函館の街並みを再現。ホテル棟には本格的な天然温泉を備えた施設が入る。☎03-3288-3090 🏠函館市若松町12-8 ⏰10～22時（店舗によって異なる）🈳無休 🚉JR函館駅からすぐ 🅿128台 MAP P123C1

変わらぬ味が人気の秘密
おんじきにわもと はこだてえきまえ
おんじき庭本函館駅前

昭和46年（1971）に函館空港へ出店する際、函館名物の塩ラーメンを「函館ラーメン」と記したことにより全国に知られるように。50年以上味を守り続け変わらない味が人気のお店。☎0138-22-8180 ⏰11～19時（LO18時30分）🈳無休

元祖函館塩ラーメン
920円 あっさりとした味わい

創業1860年和菓子の老舗
せんしゅうあんかりょう
千秋庵菓寮

創業160年を迎えた千秋庵総本家が手がける和菓子店。作りたてのお菓子を販売している。カフェ専用メニューも用意。☎0138-27-3472 ⏰10～18時（カフェ17時30分LO）※変動あり 🈳無休

抹茶館パフェ
780円
生クリーム、白玉、寒天も独自に製造

JR函館駅

1階
ほっかいどうしきさいかん
じぇいあーるはこだててん
北海道四季彩館 JR函館店

☎0138-83-2966 ⏰7～20時
🈳無休

元祖森名物
いかめし（2尾入り）
1188円
駅弁グランプリで何度も1位になった、森町の阿部商店の味を真空パックに

函館カールレイモンウィンナー（下）、レモン＆パセリウィンナー（上）各538円
函館の名店、カールレイモンのウィンナーはドイツ直伝のこだわりの味

1階（専門店エリア）
えきべんのはこだてみかど じぇいあーるはこだて
駅弁の函館みかど JR函館

☎080-3609-7954 ⏰6～18時
🈳無休

人気1位

鰊みがき弁当
1000円
ご飯に甘辛く煮たニシンとカズノコをのせたお弁当。昭和41年（1966）発売のロングセラー

人気3位

みかどのかにめし
1100円
ズワイガニのほぐし身、甘酢漬の2種を同時に味わえる。タケノコとの相性も抜群

2階（飲食エリア）
しょくのほうこ ほっかいどう
食の宝庫 北海道

☎0138-22-2220 ⏰11～21時
🈳無休

海鮮ひつまぶし
1518円
5種類の魚介が入る海鮮ひつまぶし。ベイエリアの人気居酒屋の新業種『地産地消』をテーマとした和洋さまざまなメニューがずらり。

函館市と隣接する北斗市に立つ 2大修道院を知りたい

函館市内と北斗市に合わせて二つ、日本で最初に創設された修道院があります。
心静かなひとときを過ごしたい人は、ぜひ訪れてみて。

トラピスト修道院とトラピスチヌ修道院は、何が違うの？

トラピスト修道院とトラピスチヌ修道院は、ともに厳律シトー会の観想修道院であるが、男子の修道院をトラピスト修道院、女子の修道院をトラピスチヌ修道院と呼ぶ。
各修道院内での修道士、修道女たちの生活はほぼ同じ。『Ora et Labora（ラテン語で「祈れ、かつ働け」という意味）』をモットーに、神への祈りと労働を中心にした、つつましやかな共同生活を営んでいる。

なぜ函館郊外に修道院ができたの？

安政6年（1859）、国際貿易港として開港した函館（当時は箱館）には多くの外国人が住むこととなり、必然的にキリスト教信者の数も増えた。彼らにより外国人居留地（現在の西部地区）には聖堂が建てられ、礼拝が行われていた。当時、日本ではキリスト教信仰が厳しく禁じられていたが、「隠れキリシタン」は存在し、明治2年（1869）と明治4年（1871）の2度にわたり、ロシア人宣教師のニコライが函館を訪れると、日本中から信者が函館に結集した。そして明治6年（1873）にキリスト教が解禁されると、多数のキリスト教信者が函館へ移住してきた。こうして函館はキリスト教の重要な布教拠点となり、イエス・キリストの精神に倣って祈りと労働を捧げる修道院が建てられた。

ルーツはどこ？

トラピスト修道院、トラピスチヌ修道院のルーツは、いずれもフランスの厳律シトー会（通称トラピスト）。明治27年（1894）、当時の函館教区長ベルリオーズ司教が、厳律シトー会総長に日本での修道院創立を打診。その2年後にトラピスト修道院が、さらに2年後にはトラピスチヌ修道院が誕生した。シトー会は、カトリック教会の中の、ベネディクトの戒律に従う修道会の修道者達により、1098年フランスのシトーの森で興ったが、1664年、トラップ修道院での改革に基づく厳しい規則が定められ、フランス革命を経て、1894年に厳律シトー会を創設。

観想修道会って何？

修道院は、大きく分けると活動修道会と観想修道会があり、ふたつの修道院はともに"観想修道会"。福音宣教、福祉などあらゆる分野で活動する活動修道会に比べ、観想修道会は基本的に外的な活動にはたずさわらず、修道院の中で祈りと労働を通じ、「神の慈しみを目に見えるものとする」観想生活をする。

修道院で乳製品のおみやげが買えるって本当？

トラピスト修道院では院内で作られた乳製品を販売。創設以来、聖ベネディクトが唱えた「怠慢は霊魂の敵である。われわれは師父たちや使徒の例にならって、みずからの手で労作し生活してこそ、まことの修道者といえるのである」（戒律48章）の言葉に従って酪農や農耕に力を入れている。特にトラピスト修道院は、道南の酪農業に貢献した歴史をもち、ここで作られたバターやクッキー、バター飴は、今や道南を代表するおみやげだ。最も古い歴史を持つバターは明治36年（1903）から函館、東京方面に販売を開始し、修道院内の売店や函館市内のみやげ店などで購入できる。トラピスチヌ修道院では、修道女の作ったマダレナ（マドレーヌ）などを院内の売店でのみ販売。

トラピスト修道院立ち寄りポイント

ルルドの聖母像

トラピスト修道院裏の山道を20分ほど歩いたところに「ルルドの聖母像」が置かれ、世界的なカトリックの巡礼地であるルルドが再現されている。ルルドはフランスとスペインの国境近くのピレネー山脈の麓にある小さな町で、ベルナデッタという貧しい少女の眼前に聖母マリアが現れ、聖母マリアのお告げの通りに祈りを捧げたところ、万病を治す泉が湧き出したという奇跡の場所だ。

とうだいのせいぼとらぴすとしゅうどういん
燈台の聖母トラピスト修道院
道南エリアにおける酪農発祥の地

整えられた芝生の坂道の先にあるのが、赤レンガ造りの本館

門のファサードにキリストの像が
安置されている

一般観光客は門の鉄柵越しに
修道院を見る

幼きイエスを抱く、純白の
聖マリア像

明治29年（1896）設立、正式
名は厳律シトー会 燈台の聖母
トラピスト修道院。明治35年
(1902)にオランダから輸入した
ホルスタイン乳牛により、道南の
酪農発祥の地となった。修道院
へと続く全長400mほどの並木
道は人気の撮影ポイント。
☎0138-75-2108 住北斗市三ツ石
392 ¥周辺見学自由 営売店は9〜
17時(10月16日〜3月31日は8時30分
〜16時30分) 休無休（売店は12月25
日、12月30日〜1月5日休）交JR函館駅
から道南いさりび鉄道で40分、渡島当
別駅下車で徒歩20分 P40台 MAP
折込裏D8

見学の注意
門より外側の周辺は
見学自由だが、修道院
内部の見学は現在中
止しています。

とらぴすちぬしゅうどういん
トラピスチヌ修道院
高台にたたずむ修道女の祈りの場

建物は、昭和2年(1927)に立て替えられた

門をくぐると、大天使ミカエルが
迎えてくれる

フェンスに十字架のデザインが
施されている

フランスのラ・トラップ修
道院のマリー・ベルナルド
神父が作った慈しみの聖
母マリア像

正式名は厳律シトー会 天使の
聖母トラピスチヌ修道院。明治
31年（1898）にフランスから
派遣された8人の修道女により
設立された。庭園には、フランス
から贈られた聖テレジアや大天
使ミカエルらの像が置かれてい
る。☎0138-57-3331(売店) 住函館市
上湯川町346 ¥周辺見学自由 営売
店8〜17時(10・11・3・4月〜16
時30分、12月〜2月9〜16時) 休無
休 交JR函館駅前から函館バス旭岡
中学校行きで30分、トラピスチヌ入口
下車で徒歩10分 Pなし、周辺駐車
場利用（有料）MAP折込裏E8

見学の注意
修道院内には入れな
いが、前庭や修道女の
生活を紹介した資料
館の見学が可能。祈り
の場として建てられた
旅人の聖堂や休憩ス
ペースもある。

修道院の
おいしいおみやげ
敷地内の各売店で売ら
れている人気みやげを
ご紹介。売店限定販売
品は要チェック。

トラピスト修道院
にあり

トラピストバター
200g1240円。
日本では数少な
い発酵バター

トラピスチヌ修道院
にあり

バター飴(サン)260g
870円。定番のバター
飴よりもバターの風味
が濃厚。売店限定品

添加物をいっさい使わずに作られ
たマドレーヌ。12個入り1900円

ふむふむコラム ● 函館市と北斗市の2大修道院

ココにも行きたい

函館市内・郊外のおすすめスポット

📷 函館 蔦屋書店
はこだて つたやしょてん

ゆったりと過ごせる地域書店

買い物をするだけではなく、本においしいコーヒーなどで家族や友人とゆっくり過ごせる空間を提供している。色々なジャンルのコンシェルジュがおり相談にのってくれる。そのほかにも輸入食品のショップなどもある。

DATA ☎0138-47-2600 🏠函館市石川町85-1 🕘9〜22時 休無休 🚃函館駅から車で20分 🅿650台 **MAP**折込裏E8

2階はCD・DVD、漫画コーナーがある

本は着席して読んで選べる。本と雑貨は1階に

♨ 谷地頭温泉
やちがしらおんせん

地元民に親しまれている温泉

昭和28年(1953)に開業し地元から親しまれている源泉かけ流しの湯。朝から温泉は営業しているので、朝風呂を楽しみ函館散策を楽しむ人も多い。浴槽は高温(43.5℃)・中温(42℃)・気泡風呂(40℃)と分かれている。

DATA ☎0138-22-8371 🏠函館市谷地頭町20-7 ¥460円 🕕6〜22時(最終受付21時) 休第2火曜 🚃電停谷地頭から徒歩5分 🅿101台 **MAP**P120B3

📷 太刀川家洋館ゲストハウス Tachikawa Family's House
たちかわようかんげすとはうす たちかわ ふぁみりー はうす

「景観形成指定建築物等」に宿泊!

明治34年(1901)築の国の指定重要文化財。住宅に隣接した大正4年に増築された洋館に一棟貸しで宿泊することが可能に。大正の華やかさを随所に感じることができる宿泊体験をしてみては。

DATA ☎0138-22-0340 🏠函館市弁天町15-15 ¥1棟1泊66000円 🕗IN15時/OUT11時 🚃電停大町から徒歩5分 🅿5台 **MAP**P122B1

⛩ 船魂神社
ふなたまじんじゃ

北海道最古開運導きの神様

保延元年(1135)に良忍という高僧が観音堂を建てたのが始まりと言われる神社。かつては遠洋漁業団や青函連絡船などの守護神として崇敬されており、現在は海上安全や開運厄除などに御利益があるとされている。

DATA ☎0138-23-2306 🏠函館市元町7-2 🕘9〜17時(授与所開所時間) 休無休 🚃電停末広町から徒歩10分 🅿なし **MAP**P122B2

⛩ 大森稲荷
おおもりいなり

朱色で彩られた鳥居と社殿が印象的

およそ350年ほど前江戸時代中期に創建されたといわれる稲荷神社。大門地区の人をはじめ商売繁盛を願う人たちに崇敬されている。大森海岸を背に神殿が造営されておりパワースポットともいわれる。

静かな境内は荘厳な雰囲気がある

DATA ☎0138-22-2637 🏠函館市大森町22-6 🕙10〜17時(授与所開所時間) 休無休(外祭などで不在の場合あり) 🚃電停松風町から徒歩7分 🅿10台 **MAP**P123D2

📷 函館市北洋資料館
はこだてしほくようしりょうかん

北洋漁業の歴史を知ろう!

函館は昭和4年(1929)から63年(1988)まで、母船式サケマス漁の基地だった。館内は、北洋漁業に関する展示が3つのテーマで分けられている。「北洋航海体験室」なども楽しめる。

DATA ☎0138-55-3455 🏠函館市五稜郭町37-8 🕘9〜19時(11〜3月は〜17時) 休不定休 🚃電停五稜郭公園前から徒歩10分 🅿220台(施設利用で2時間無料) **MAP**P125B2

🌲 真宗大谷派函館別院
しんしゅうおおたにははこだてべついん

大屋根が見事な耐火寺院建築

二十間坂を上った頂上に位置する、大正4年(1915)築の真宗大谷派の寺院。防火目的で日本初の鉄筋コンクリート造りを採用。屋根には約3万8000枚もの瓦を使用。国の重要文化財に登録。

DATA ☎0138-22-0134 🏠函館市元町16-15 ¥拝観無料 🕖7〜17時 休無休 🚃電停十字街から徒歩5分 🅿参拝者用20台 **MAP**P124A2
※内観工事中のため外からの見学のみ

⛩ 湯倉神社
ゆくらじんじゃ

湯の川温泉発祥の地

室町時代に起源をもつ歴史のある神社。境内には神兎(なでうさぎ)も祀られている。授与品のお守りは種類もあり自分だけのお守りも作ることが可能。健康長寿や縁結びなど様々な御神徳があると言われている。

DATA ☎0138-57-8282 🏠函館市湯川町2-28-1 🕗8時30分〜18時(授与所開所時間) 休無休 🚃電停湯の川から徒歩1分 🅿100台 **MAP**P121D2

ふらわー・ぴくにっく・かふぇ・はこだて
🍜 Flower Picnic Cafe -HAKODATE-

2019年5月開店以来の注目カフェ

美しい花びらで飾られた、食べられる花のカップケーキが人気。ブランコの席や、ピクニック気分を味わえる人工芝の席など、店内は花を設える癒しの空間が広がる。カフェのイチオシは、ドリンクとケーキが選べるフラワーケーキセット1380円。

DATA ☎0138-68-1385 **住**函館市元町7-9 **🕐**10〜18時（LO17時30分）**休**不定休 **交**電停末広町から徒歩4分 **P**なし **MAP** P124A2

きんぎょちゃや
🍜 きんぎょ茶屋

**店の一隅では
金魚の雑貨が彩りを添える**

築100年以上の古民家を改装したカフェ。オーナーは函館の街並みに魅せられ、岐阜県多治見市の甘味処の支店にと開業したという。自家製の抹茶シフォン、ミニあんみつ、わらび餅など5品を味わえる羽衣セット880円がイチオシ。

DATA ☎0138-24-5500 **住**函館市末広町20-18 **🕐**10時〜16時30分（LO15時40分）**休**水曜 **交**電停末広町からすぐ **P**1台 **MAP** P124B1

はこだてぎゅうにゅう・あいすいちいちはち
🛍 函館牛乳・あいす118

新鮮ミルクの乳製品を直売

函館牛乳の工場敷地内にあるキャンピングカーの小さな店。函館近郊の牧場から毎日届けられる牛乳をたっぷり使った濃厚なソフトクリームや、ヨーグルト、チーズなどを販売している。

DATA ☎0138-58-4460 **住**函館市中野町118 **🕐**10〜17時（季節により変動あり）**休**12〜3月 **交**函館空港から車で5分 **P**50台 **MAP** 折込裏E8

生乳をたっぷり使ったソフトクリーム350円と、コップの牛乳100円

かふぇあんどでり　まるせん
🍜 Cafe & Deli MARUSEN

**函館駅近くの
オシャレなカフェ**

店舗は、昭和7年（1932）建造の旧日魯漁業で繁栄した、函館の象徴的な建物として知られている。道産そば粉を用いたガレットや、道南七飯町産米・ふっくりんこを使用したフォーが楽しめる。人気の鶏のフォー（写真）は1408円。**DATA** ☎0138-85-8545 **住**函館市大手町5-10 **🕐**ランチ11〜15時、カフェ11〜17時、テイクアウト17〜18時30分 **休**火曜 **P**7台 **MAP** P123C1

こーひーばいせんこうぼう はこだてみすず だいもんてん
🍜 珈琲焙煎工房
函館美鈴 大門店

**北海道で一番古い
老舗珈琲店**

昭和7年（1932）、日本で初めてコーヒーが飲まれたという函館にオープンした函館美鈴の直営コーヒーショップ。創業以来の伝統の味、香りを今に伝えている。店内では注文後に焙煎するコーヒー豆も販売している。

DATA ☎0138-23-7676 **住**函館市松風町7-1 **🕐**10〜18時 **休**無休 **交**JR函館駅から徒歩5分 **P**なし **MAP** P123D1

芝生に囲まれた、北海道らしいのどかな風景

ちゃくら
🍜 茶蔵

住宅街に立つ人気の一軒家カフェ

洋食メニューやスイーツが充実のカフェ。料理はすべて手作りで、自慢のホワイトソースを使ったドリアや友人同士で楽しめる「でかパフェ」などこだわりの味が揃う。看板メニュー「ちゃろ〜る」630円は殿堂の人気。

DATA ☎0138-56-3566 **住**函館市時任町5-4 **🕐**11時〜16時30分LO（17時〜予約制、土曜のみ13時30分〜20時30分LO）**休**木曜 **交**電停中央病院から徒歩3分 **P**6台 **MAP** P125B3

はこだてこいいちごようがしてん
🛍 はこだて恋いちご洋菓子店

生産者が手掛けるいちごスイーツ

自社農園で生産するいちご「はこだて恋いちご」を使用したスイーツを販売する専門店。一般的ないちごの糖度は10度に対してはこだて恋いちごは糖度15度。そのいちごを使用したプリンやカフェメニューで楽しめる。

DATA ☎0138-86-7616 **住**函館市末広町15-1 **🕐**10〜18時（カフェ17時LO）**休**無休 **交**電停十字街から徒歩5分 **P**2台 **MAP** P124B2

はこだて やなぎや
🛍 はこだて 柳屋

イカそっくりの銘菓

イカをかたどったいかようかん1296円が名物の和菓子店。いかようかんはインパクト大で、おみやげに最適。ようかんの生地で求肥とコーヒー味の餡を包んでいる。漫画やゲームとのコラボ商品・ロマネスク函館シリーズは、函館市民にも人気の商品だ。

DATA ☎0138-42-0989 **住**函館市万代町3-13 **🕐**8時30分〜20時 **休**無休 **交**JR函館駅から車で7分 **P**7台 **MAP** P120B1

📖 市内の主な観光スポットは市電の駅から徒歩圏内に点在するので、便利です。

ココにも行きたい

函館市内・郊外のおすすめスポット

朝市の味処 茶夢
あさいちのあじどころ ちゃむ

どんぶり横丁内の人気店!

イカを極薄にさばく職人技が見事で、口に入れると甘さが広がる。旬の野菜やイカを使用した小鉢が付くいか刺し定食1300円や、イカソーメン1200円がおすすめ。このイカソーメンを食べるために函館を訪れるファンも多い。

📞0138-27-1749 🏠函館市若松町9-15 函館朝市どんぶり横丁 ⏰7時～13時30分 LO 🈳不定休 🚃JR函館駅から徒歩1分 🅿200台(2200円以上の利用で1時間無料) MAP P60

BURGER SERVICE WALDEN
ばーがー さーびす うぉーるでん

本格的クラフトバーガーを味わいたい

大町電停そばにある「大町改良住宅」をリノベーションしアメリカンな雰囲気な店。炭火でじっくりと焼き上げる牛肉100%のパティが特徴でスモークベーコンやタルタルソースなど自家製にこだわったクラフトバーガー。

📞なし 🏠函館市大町3-16 ⏰11時30分～14時(LO14時、売り切れ次第終了) 🈳木曜、不定休 🚃電停大町からすぐ 🅿なし MAP P122A1

HOTEIYA SANDWICH STAND
ほていや さんどいっち すたんど

一度食べるとやみつきに

古着屋の2階に店を構えている人気のサンドイッチ店。スケータでもある店主が海外生活中によく食べ作り覚えた味で作っている。その他デザートやお得なセットメニューなども用意。テイクアウトも可能だ。📞なし(インスタグラムアカウント@hoteiya_sub_stand) 🏠函館市大町4-11 LOFT2階 ⏰11～19時(木曜は12時～) 🈳月・火・水曜 🚃電停十字街から徒歩5分 🅿3台 MAP P124B2

鳴々門珈琲
なくなるとこーひー

夜の3時間だけ開く珈琲店

店が路地裏にありまるで欧州のカフェを想わせるような雰囲気。仄暗い灯りの中で手回しの焙煎機で仕上げた世界の珈琲を飲みながら旅の疲れをゆったりと癒してくれる。焙煎された豆は購入することもできる。

📞なし 🏠函館市大町3-16 ⏰18～21時 🈳火・水曜 🚃電停大町から徒歩1分 🅿2台 MAP P122B1

OLDNEW CAFE
おーるどにゅー かふぇ

手作りの美味しいものがコンセプトのカフェ

落ち着いた店内で道産素材を使ったパスタや手作りデザートまで評判が高いメニューが並ぶ。マスターはバリスタでコーヒーやカプチーノは折り紙付きのおいしさを大きな窓から街並みを見ながらいただくのは至福の時間。

📞0138-55-2005 🏠函館市本町32-6 ⏰11～19時(日曜・祝日は～17時) 🈳月曜 🚃電停五稜郭公園前から徒歩3分 🅿なし MAP P125A3

和雑貨いろは
わざっかいろは

和テイストの雑貨ならここ

全国から集めたバラエティ豊かな和風雑貨を扱う店。函館をはじめ北海道で活躍する作家の作品も多く売り切れてしまうと手に入らない作品も。店舗の建物も函館らしい和洋折衷の建物を改装したもの。

📞0138-27-7600 🏠函館市末広町14-2 ⏰10時30分～17時30分 🈳無休(1～4月下旬は月曜休み) 🚃電停十字街から徒歩4分 🅿2台 MAP P124B2

街角クレープ
まちかどくれーぷ

サクサク食感が新感覚

サクサク感にモチっとした食感も楽しめる人気クレープ店。目の前で焼いてくれ、およそ2～3分で出来上がり香りが鼻腔をくすぐる。発酵バターやカソナード(フランス産の赤砂糖)などトッピングにもこだわっている。

📞なし 🏠函館市末広町12-8 ⏰11～17時(売り切れ次第終了) 🈳月・火曜、不定休 🚃電停十字街から徒歩2分 🅿あり MAP P124B3

ホタルぱん
ほたるぱん

地元客でにぎわう人気のベーカリー

函館らしい和洋折衷住宅の外観が目印の北海道産小麦を使ったパンとスコーンが人気の店。中に入るとバターや小麦の良い香りがひろがる。売り切れ次第なので早めに散歩がてら訪問して朝食にいただくのがおすすめ。

📞0138-76-7703 🏠函館市宝来町2-5 ⏰10～16時(売り切れ次第終了) 🈳月～水曜 🚃電停宝来町から徒歩5分 🅿2台 MAP P123C3

ビレッジベーカリー駒ヶ岳
びれっじべーかりーこまがたけ

自然に囲まれたベーカリーショップ

函館市内から40～50分ほどにある駒ヶ岳の麓にあるのどかな風景が拡がる土日のみ営業のベーカリー。人気のキッシュ・サンドイッチやクロワッサンなどは必食。売り切れ次第閉店なので早めに訪れることをおすすめ。

📞050-6873-3249 🏠茅部郡森町駒ヶ岳452 ⏰10～16時(売り切れ次第閉店) 🈳月～金曜 🚗函館から車で40～50分 🅿25台 MAP 折込裏7D

北海の幸の美味はもちろん！
函館グルメは、味も歴史も深いのです

津軽海峡、日本海、太平洋に囲まれた函館では、とれピチの海鮮は絶対にはずせない！ほかにも、開港以来根付いている洋食、厳選食材による和食と、バラエティ豊かなグルメが揃っています。

港町・函館を訪ねたら
鮮度この上ない、本場のイカに舌鼓

函館を代表する海の幸といえば、やっぱりイカ！
その魅力を余すところなく伝えるイカイチオシ店へ、行かずには帰れません！

真イカの刺身
1200円～（時価）
6～12月は真イカ、1～5月はヤリイカ。さばかれた後もゲソが動く、これぞ函館名物

函館駅周辺
かいせんどころ はこだてやま
海鮮処 函館山

新鮮魚介は自慢の生け簀から使用

創業40余年、地元客にも愛される人気店。オーダー後、店内にある生け簀から取り出して調理をするため、イカを筆頭に旬の魚介を新鮮なまま堪能できる。刺身はもちろん、寿司、揚げ物、鍋物、丼物、珍味など、多彩なメニューを用意している。

☎0138-22-7747 住函館市松風町10-15 ⏰17～24時 休無休 交JR函館駅から徒歩5分 P3台 MAP P123D1

コチラも人気

カウンター席からは生け簀が見える

いかゴロ陶板焼680円
イカの身をゴロ（内臓）と和えて焼く

函館駅周辺
やんしゅうぎょば にだいめしょうえいまる
ヤン衆漁場 二代目昌栄丸

味わい＆豪快な盛付はさすが大将

元漁師の大将が「地元のいい物を安く」をモットーに営む、浜料理の店。目利きの店主自らが、毎日港に出向き、とびっきり新鮮な魚介類を仕入れている。イカ刺はじめ、鮮度抜群ゆえ人気のイカゴロルイベなど、種類も豊富でうれしい限り。

☎0138-83-6433 住函館市松風町10-3 ⏰17～23時（LO22時30分）、週末・祝前日～24時（LO23時）休不定休 交電停松風町から徒歩2分 Pなし MAP P123D1

コチラも人気

イカリングフライ
490円
イカは下処理も丁寧ゆえに、カラリと揚がって定番人気

辛口の日本酒も各種揃っている

イカ刺
1000～2000円（時価）
刺身は、イカの甘みが際立つように「漁師切り」で供している。太平洋産のイカを使用

創作メニューで今宵は一杯！

大門横丁内の「中華風居酒屋 函館いか家」。ここでは、プリプリ食感のイカが評判のイカスミ餃子が名物となっている。イカ墨を練り込んだ真っ黒な皮が目を引く。500円。
☎090-3897-9031 MAP P123D1

函館駅周辺
かつぎょりょうり いかせい だいもん
活魚料理 いか清 大門
生け簀のイカをアレンジして提供

函館近海のとれピチなイカを直送。刺身、寿司、陶板焼き、自家製の塩辛など、バリエーション豊かなイカ料理に定評がある。五稜郭の老舗居酒屋の支店で、旬の魚介をふんだんに取り入れたメニューも充実している。

☎0138-27-1506 住函館市若松町6-10 ⏰17時～23時30分LO(日曜、祝日16時～22時30分LO) 休無休 交JR函館駅から徒歩3分 P5台 MAP P123C1

五稜郭周辺
いかたろうそうほんてん
いか太郎総本店
様々なオリジナル料理を楽しもう

函館ならではのイカ専門店。いか太郎オリジナルのメニューが充実しており、鮮度抜群の刺身をはじめ、自家製塩辛、ゴロ和えのほか、イカの口・トンビを串焼きにしたイカのとんび串などが並ぶ。焼き物、天ぷらなども人気。

☎0138-55-5552 住函館市本町4-16 ⏰17時30分～24時LO 休不定休 交電停五稜郭公園から徒歩2分 Pなし MAP P125A3

函館駅周辺
はこだてかいせんりょうり かいこうぼう
函館海鮮料理 海光房
魚介類が集結する卸問屋の直営店

函館朝市の水産会社が経営する大型店。イカやカニなどの魚介が泳ぐ巨大な生け簀は、迫力があり、鮮度のよさを物語っている。刺身あり、焼き物あり、定食から丼までと豊富なメニューがうれしい一店だ。

☎0138-26-8878 住函館市若松町11-8 ⏰16～22時(LO21時) 休不定休 交JR函館駅から徒歩3分 Pなし MAP P123C1

活真いか刺 1280円～(時価)
生け簀から取り出しすぐの鮮度は折り紙つき。(1～5月は活ヤリイカ刺、6～12月は活真いか刺)

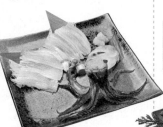

活いか刺 1000～3000円(時価)
コリコリとした身、弾力のある足、ゴロはコクがあるのが特徴

活いか刺 1800円～
函館近海でとれる鮮度バツグンの活イカの刺身。薬味は大根おろし、山わさび、しょうがの3種類

自家製 生干しいか焼き 880円
函館産のイカを一夜干しにて旨みをUP

コチラも人気

自家製沖漬ルイベ 528円 コチラも人気
お酒がついついはかどる、沖漬けのルイベ

イカ天 825円 コチラも人気
やわらかい食感で、甘みを増したイカの天ぷらは美味

ご飯にもお酒にも合う品々を供している

広いテーブル席で、お好みのイカ料理を楽しめる

大きな生け簀は店内中央にあり、イカ釣り船の電球が風情たっぷり

新鮮なネタが揃ってます！
寿司の名店と人気回転寿司店

旬の海鮮をシンプルに味わうなら、やっぱり寿司！
地元で評判の名店と、こだわりの回転寿司店、どちらもおすすめです。

ゆうずし
祐鮨

地物ネタで勝負の老舗寿司店

昭和11年（1936）創業の老舗で、現在
は3代目が寿司を握る。ウニやイクラ、ホ
タテなどネタはほとんどが道内もの。極
上寿し3300円などの握りセットのほか
にも、1カンずつの料金が店内に表示さ
れているので、安心して注文できる。赤
酢を使ったシャリやダシ割り醤油を使
い、まろやかな味に仕上げることで、ネ
タのうまさをいっそう引き立てている。

☎0138-22-1522 住函館市宝来町22-13 時
11時〜20時30分LO 休水曜 交電停宝来町か
ら徒歩2分 P12台 MAPP123C3

松前や戸井など、マグロ
も近海産の本マグロを使
っている
※ネタの内容は、時期に
より変動あり

モラー皿

つまみにぴったりなイカ
ゴロ正油漬500円
※イカの不漁期はなし

明瞭会計が
ウチの基本だよ！

大将

《オススメ》
おまかせ（12カン）　4400円
生ウニ、ホタテ、蝦夷アワビなど、
極上ネタのオンパレード！

路地裏にある名店

《オススメ》
極上寿し　3000円
大沼のじゅんさいのお吸い物付き

モラー皿

太く、脂がのった道産ア
ナゴを使ったアナゴ焼
き400円〜

厳選されたネタの数々

カウンター、テーブル、座敷がある

おうしょうずし
王将寿し

地元に愛される寿司の名店

寿司ひと筋で約半世紀という大将自ら
が仕入れに行く魚介は、新鮮そのもの。
柔らかなシャリとネタのバランスも抜群
で、随所に熟練の技が光る。ホタテ貝の
味噌焼き700円など、一品料理も人気。

☎0138-22-3079 住函館市新川町5-6 時16
時〜翌1時 休木曜 交電停新川町から徒歩3分
P10台 MAPP120B2 ※クレジットカード使用可

巧みな目利きにより
大将がネタを厳選！

地元での人気も高く、食通が集う「味処 鮨金分店」。新鮮なネタとやわらかめのシャリが抜群の相性と評判だ。握りは梅2750円〜。おまかせは4950円。
☎0138-51-8537 MAP P125A2

島うた
五稜郭周辺
しまうた

上質なネタとシャリを堪能しよう

奥尻島出身の気さくな大将が営み、地元客にも親しまれる寿司店。近海もののネタが揃い、南茅部産の昆布を入れて炊き上げたシャリとの相性も抜群。
☎0138-55-0940 住函館市本町22-11 ⏰17時〜翌1時（金・土曜、祝前日は〜翌3時）休日曜、第3月曜、振替休日の月曜 交電停五稜郭公園前から徒歩2分 Pなし MAP P125A2

高級ネタがずらり

《オススメ》
極上にぎり 4000円
夏は松前・戸井・青森のマグロが並ぶ。

モウ一皿

ナマコのみぞれ合え
1000円

カウンターとテーブル席がある

回転寿司 まるかつ水産本店
ベイエリア
かいてんずし まるかつすいさんほんてん

魚屋直営ならではの極上ネタ揃い！

はこだて海鮮市場本店（☞P47）などを営む水産会社直営の店だけに、毎朝新鮮な海の幸が入る。数量限定の「本日のおすすめ」ネタも好評。
☎0138-22-9696 住函館市豊川町12-10 ⏰11時30分〜15時、16時30分〜21時、第2木曜 交電停十字街から徒歩5分 P95台（有料、食事利用で1時間無料） MAP P124B2

函館ベイ美食倶楽部内にある

ネタ全60種

ネタの鮮度と豊富さが自慢。函館の地魚が揃っている。

まぐろ三好
三カン
737円

北海三好
三カン
847円

函太郎 宇賀浦本店
郊外
かんたろう うがうらほんてん

津軽海峡を眺めながら新鮮魚介を

函館近海で水揚げされた魚介類は新鮮で、ネタは大きく食べ応えがある。天気の良い日に海側の席に座ると、津軽半島を見ながら寿司が味わえる。昼時には行列ができることも。
☎0138-32-4455 住函館市宇賀浦町14-4 ⏰11〜21時 休無休（元日のみ休み）交JR函館駅から車で10分 P60台 MAP P121C2

活気のある店内。全席60席

ネタ全90種類以上

選りすぐりの旬のネタは産地直送で、新鮮そのもの。

貝三昧
（活ほっき 活ほっき 生ほたて）
3カン
990円

函太ロール
ハーフ
220円

新鮮な海の幸が呼んでいる…
海鮮居酒屋へ行こう

1年を通して、さまざまな魚介類が水揚げされる港町・函館。
旅の夜はお目当ての新鮮魚介と一緒に、お酒も楽しんで！

函館駅周辺

うおがしさかば うおいっしん
魚河岸酒場 魚一心

活きのいい魚を
存分に味わえる人気店

店主が市場や鮮魚店で、毎朝新鮮かつリーズナブルな素材を厳選。「安く仕入れられる日は、値段も安く提供」することをモットーに、刺身や焼き物、揚げ物など、さまざまなメニューを格安で展開している。

☎0138-26-0457 住函館市松風町3-11 ◷17時～23時LO 休日曜（月曜が祝日の場合は営業、月曜休）交電停松風町から徒歩3分 Ｐなし MAP P123D1

▲目にも鮮やかに刺身を盛り付けた、鮭やニシンなど旬の魚介6点の刺身盛り合わせ

コチラも人気

メニュー
●刺身盛り合わせ（旬の魚介6点）　3960円
●しまホッケ　1815円
●活イカ　時価

▲大門通り沿いにあり、週末は要予約

▲脂がタップリのって、ふっくらとしたしまホッケ

メニュー
●うにしゃぶ（1人前）
3800円
（注文は2人前から受付）
●活ホッキ焼
990～円
●活蟹刺し
時価

ベイエリア

はこだてかいせんりょうり かいじゅ
函館海鮮料理 海寿

生け簀の鮮魚は職人の技で
絶品料理に！

活きのよい海鮮料理を賑やかに、または落ち着いた雰囲気で楽しめる居酒屋。1階には大きな生け簀とオープンキッチンがあり、華麗な包丁さばきが見られる。2階には個室を設けており、ゆったり過ごすことができる。

☎0138-84-5040 住函館市豊川町24-6 ◷16～22時LO 休不定休 交電停魚市場通から徒歩2分 Ｐなし MAP P123C2

▲大きな生け簀が目をひく店内

コチラも人気

▲焼くだけで甘みある大ぶりの活ホッキ

▲濃厚なウニを新鮮魚介とともに

旬食材の旨みを
オリジナルメニューで
引き出しています

「活魚炭焼居酒屋 次郎」では、毎日市場に通う店主が旬の魚介を選りすぐり、素材の旨さを最も生かす調理法で腕を振るう。活タコおどり焼810円などは道産や東北の銘酒とも好相性。
☎0138-54-2615 **MAP** P125A3

五稜郭周辺
じもとや はこだてほんてん
地元家 函館本店

ワイワイ楽しみたい、海の幸！

道南をはじめ道産山海の幸を、ふんだんに取り入れた海鮮料理。人気はカニを使ったメニューや、カキは焼き・蒸しのほかに、新定番の稲家の牛カツは、おすすめ。

☎0138-55-1777 住函館市本町5-16 ⊙17時30分～24時（フード23時LO、ドリンク23時30分LO）休日曜 交J電停五稜郭公園前から徒歩2分から徒歩4分 P近隣の有料駐車場利用 **MAP** P125A3

▲広々とした座敷席や個室もある

コチラも人気

▲鮮度抜群.本日のお刺身盛り合わせ（3～4人前）2980円※仕入れにより内容は異なります

▲毛ガニの味噌を心ゆくまで味わえると定評あり

メニュー
- ●海鮮釜飯 1680円
- ●塩ラーメンサラダ 780円
- ●かにクリームコロッケ 720円

▲福島町産黒米で作るオリジナルのいか飯は観光客にも人気

コチラも人気

◀北海道で水揚げされた魚介の特上刺身。季節により内容に変更あり

▲全室個室の掘りごたつでくつろげる

メニュー
- ●いかめし 1100円
- ●本日の刺盛 2人前 2800円
- ●活いか刺身 時価（1500～2500円）

五稜郭周辺
うおまさ ごりょうかくそうほんてん
魚まさ 五稜郭総本店

地元密着のこだわり居酒屋

魚介に野菜、米まで道南産の食材にこだわった料理を用意。素材のうまみを生かしたメニューが味わえ、職人技でさばかれる活いか刺身は要予約。人気店なので、予約がおすすめ。

☎0138-53-1146 住函館市本町4-7 ⊙17時～22時（LO21時、ドリンクLO21時30分）休無休 交電停五稜郭公園前から徒歩3分 Pなし **MAP** P125A3

函館駅周辺
いざかや ねぼっけ
居酒屋 根ぼっけ

根ボッケを多彩なメニューで

店名でもある根ボッケとは、回遊せず岩場などで育った真ホッケのことで、ホッケのなかでも特に脂がよくのった最高級品。根ボッケを使った創作料理が30種類以上も揃う。

☎0138-27-4040 住函館市松風町8-19 ⊙16時30分～22時 休日曜（月曜が祝日の場合は火曜）交JR函館駅から徒歩5分 P5台 **MAP** P123D1

メニュー
- ●根ぼっけ刺身 980円
- ●根ぼっけの生にぎり 3カン1080円
- ●根ぼっけ開き焼 2450円～

コチラも人気

▲新鮮だからこそ食べられる根ぼっけ刺身

▲脂がのったイキのよい生にぎり

▲大正時代の蔵を改装した席もある

伝統の味を召し上がれ！
思い出のハイカラ洋食店

開港以来、長いかかわりをもつ函館と洋食。
レトロなストーリーとともにゆっくり味わってみませんか？

①

①昔ながらの洋食を味わう明治の洋食＆カレーセット3300円 ②レストラン雪河亭で優雅な食事の時間を過ごそう ③地元食材をふんだんに使用した「シェフのおすすめコース」1万5000円～。予約は5日前まで

元町
ごとうけんほんてん れすとらんせっかてい
五島軒本店 レストラン雪河亭

明治12年 (1879) 創業
これが王道のハイカラ洋食

函館を代表する老舗・五島軒本店内にあるレストラン雪河亭では、約140年間受け継がれてきた伝統の味を堪能できる。クラシカルなインテリアに囲まれて味わう料理は、イギリス、インド、フランス風カレーやグラタンといったカジュアルなメニューから、本格的なロシア料理、フランス料理のフルコースまでと幅広い。

☎0138-23-1106 ⬛函館市末広町4-5 🕐11時30分～14時30分、17～20時 (12月31日はランチ時間のみ) 🈺年始、火曜 🚃電停十字街から徒歩3分 🅿40台 MAP P124A2

レトロポイント

① 五島軒本店 本館
白くシンプルな建造物は、昭和9年 (1934) の大火の後に再建されたもの。国の登録有形文化財になっている。

② ステンドグラス
昭和10年 (1935) から飾られていたステンドグラス。本館の階段踊り場に飾られている。

③ 王朝の間
日本で唯一という樺太産ツンドラ材の天井と、水晶のシャンデリアがある。現在は大広間宴会場。

工夫を凝らした
メニューはいかが？

はこだて明治館と通りをはさんだ向かいにある「Kitchen Bar BORDER」は和洋折衷レストラン。カニ味噌グラタン990円など、創作洋食が味わえる。
☎0138-27-6630 (MAP)P124B3

元町

いんどかれー　こいけほんてん

印度カレー　小いけ本店

函館生まれの手作りカレー

昭和23年(1948)創業のカレー専門店。独自ブレンドのカレー粉を合わせて作ったルーが自慢で、隠し味には3種類のチャツネと生クリームを入れているという。キレのあるスパイシーなカレーが人気をよんでいる。

☎0138-22-5100 (住)函館市宝来町22-5 (⏰)11時～14時30分LO、17時30分～20時30分LO (休)木曜、第1水曜 (交)電停宝来町から徒歩3分 (P)3台 (MAP)P123C3

チーズをのせて焼いた焼きカレー1380円

レトロ
ポイント

60余年かけて作り上げた自家製カレーは店の看板メニュー。

元町

ざ　べりー　べりー　びーすと

the very very BEAST

とろっとろのオムライスはいかが？

名物は、自家製トマトソースが決め手のビーストライスで作るビーストオムライス。とろける卵と、タマネギの甘みたっぷりのデミグラスソースとの相性が抜群だ。キノコのホワイトソースをかけた、ビーストホワイトオムライス990円もおすすめ。

☎0138-26-7364 (住)函館市宝来町23-3 (⏰)12～14時LO、18～21時30分LO (休)火曜 (交)電停宝来町から徒歩3分 (P)なし (MAP)P123C3

ビーストオムライス(カップスープとサラダ付き)990円

レトロ
ポイント

古い民家だった場所をアメリカンテイストに改装。

元町

れすときゃびん　きゃぷてん

レストキャビン　キャプテン

昔懐かしい洋食メニューに舌鼓

昭和44年(1969)創業。チキンソテーやハンバーグなどの洋食が揃い、ドレッシングやソース、付け合わせはすべて手作りというこだわりよう。定番はチキンソテー998円。

☎0138-22-8657 (住)函館市末広町7-18 (⏰)11時30分～13時45分LO、16時30分～19時45分LO(月曜のみ11時30分～13時30分LO) (休)月曜(祝日の場合翌火曜) (交)電停宝来町から徒歩3分 (P)5台 (MAP)P123C2

若鶏の半身を焼いて白ワインでフランベしたチキンソテー

レトロ
ポイント

親子3代にわたる常連客も多く、地元に密着したレストラン。

憧れのレストラン＆料亭で ご馳走をいただく贅沢なときを

函館や道産の食材から、フレンチ、スペイン料理、和食を生み出す…
味だけでなく、店の雰囲気にも大満足できる名店を紹介します。

五稜郭周辺

れすとらん ばすく

レストラン バスク

素材の味を生かしたバスク料理の名店

オーナーシェフは、日本におけるバスク料理の第一人者・深谷宏治さん。バスク風の前菜・ピンチョスの盛合せが名物で、小さなピンチョスには近隣農家の野菜や魚介など函館の味を凝縮。ディナーコースは6050円〜、ランチコースは2200円〜。

☎0138-56-1570 🏠函館市松陰町1-4 🕚11時30分〜13時30分LO、17〜20時LO 🈺水曜 🚋電停杉並町から徒歩3分 🅿10台 MAP P125B3

```
……ある日のコース……
【前菜】
ピンチョス盛り合わせ
【メイン1】
ソイのグリエ
【メイン2】
豚ゼラチン質を使った煮込み
```

一軒家を利用した、住宅街の中にあるレストラン

五稜郭周辺

れすとらん みのわ

レストラン箕輪

黒毛和牛ヒレ肉のローストビーフは絶品！

杉並町の住宅街に店を構えるフランス料理店。コースのみの提供で、ランチ2400円〜、ディナー5500円〜と手頃に本格フレンチが賞味でき、地元でも人気が高い。近海でとれた魚介、旬の食材をふんだんに使った料理は、彩りも鮮やか。

☎0138-51-2051 🏠函館市杉並町4-30 🕚12時〜13時30分LO、17時30分〜20時LO（要予約）🈺月曜 🚋電停杉並町から徒歩4分 🅿8台 MAP P125B3

```
……ある日のコース……
【前菜】
函館沖帆立・エビ アメリカンソース
【メイン1】
エイ（カスベ）の西京ミソ添え
【メイン2】
ローストビーフ
```

築50年以上の平屋住宅を改装した趣のあるレストラン

ディナーコースの一例。右下がピンチョスの盛り合わせ

ランチコース2200円は海の幸サラダなど前菜＋魚か肉料理＋デザートも

先代から受け継いだ 絶賛の ローストビーフ

「レストラン箕輪」の先代譲りのローストビーフを二代目が受け継ぎ、さらに進化中。誰もが絶賛するローストビーフはアラカルト5500円、7700円以上のコースで提供される。

にほんりょうり ふもと
日本料理 冨茂登
落ちついた個室でワンランク上の料理をいただく

「ミシュランガイド北海道」で一つ星を獲得した、徹底的に食材にこだわっている。コース料理のみで、3日前までの予約制。通年で鍋コースがあり、合鴨の鍋が特に好評だ。畳張りの個室で食事を楽しめる。

⌘
漁火会席
8855〜2万240円

先付、前菜、お吸い物、お刺身、焼き物、煮物、ご飯物、デザートなど

☎0138-26-3456 住函館市宝来町9-7 ⏰11時45分〜14時、17時30分〜20時 休不定休 交電停宝来町から徒歩1分 P4台 MAP P123C3

テーブル+イス席の完全個室

あさり ほんてん
阿さ利 本店
函館人とっておきの、すきやきをぜひ

明治34年（1901）創業の精肉店が営むすき焼き店。堂々たる数寄屋造りの建物は、明治時代建造で、青森から移築したものだ。名物のすきやきは、肉の種類に応じて肉の部位の名称をコース名に5種類あり、価格は3500円〜と手頃。

⌘
黒毛和牛A5牝リブロース
コース　4600円

すき焼き1人前、ご飯、卵、お新香、デザート

☎0138-23-0421 住函館市宝来町10-11 ⏰11時〜20時30分 LO（1階の精肉店は10〜17時）休水曜 交電停宝来町からすぐ P10台 MAP P123C3

全室個室で、8室のみ。夜は予約がマスト

近海の恵みをふんだんに味わえるこだわりの料理

最高級A5ランクを使用した一例。黒毛和牛A5牝リブロースコース

📖 バスク料理とは、スペインとフランスにまたがって広がるバスク地方で生まれた料理を指します。

函館生まれの洋菓子カフェで
話題のスイーツをチェック

見ているだけでワクワクする、人気スイーツに注目！
そんな函館だからこその素敵なカフェをご紹介しましょう。

おみやげに

チッチキチーズ＆ココア
各2種12個入
り1404円

ケーキセット900円〜
お好きなケーキと飲み物をそ
れぞれ1つずつ選べるケーキセ
ット。写真のケーキは生クリーム
たっぷりのイチゴショート。

おみやげに

グランショコラ
2100円は冷
凍販売・冷凍
発送が可能

モンブラン 550円
フランス産マロンペースト2種を
ブレンドしマロンのムースとクリ
ーム、ムースの中にショコラガナ
ッシュを合わせている。

ベイエリア（金森赤れんが倉庫）
はこだてようがしすなっふるす かなもりようぶつかんてん

函館洋菓子スナッフルス 金森洋物館店

ベイエリア散策中に人気スイーツを

函館の人気みやげ、チーズオムレット（☞P90）で有名な洋
菓子店。スイーツには北海道産の生クリームを使用。ケー
キは、旬のフルーツを使った季節限定ものが約半数を占
める。イチオシの函館ケーキ
セットだけでなく、道産牛乳を
使用したソフトクリームも隠れ
た人気メニュー。

☎0138-27-1240 🏠函館市末広
町13-9 🕘9時30分〜19時(LO18
時) 🈺無休 🚃市電十字街から徒歩
5分 🅿100台 🗺P124B2

函館のほか、札幌、関東エリアに
も店舗がある

五稜郭周辺
ぱていすりーばらえん

Patisserieばら苑

個性光るデザインと、創意工夫された深い味わい

選りすぐりの材料を用いて、美しく繊細なデザインで供す
るケーキに定評がある。こだわりの材料で作られた「モン
ブラン」が、人気＆オススメの筆頭。フランス産ショコラと
道産生クリームで作ったショ
コラクリームを幾重にもサンド
した「グランショコラ」は、大
人に評判の味。

☎0138-53-0419 🏠函館市本通
2-54-1 🕘11〜18時30分 🈺不定
休 🚃電停五稜郭公園前から車で8
分 🅿8台 🗺P121C1

カフェスペースではドリンクが付く
ケーキセット850円を！

ベイエリア（ベイはこだて）

ぷてぃ・めるゔぃーゆ
プティ・メルヴィーユ
函館を代表するパティスリー

定番みやげ・メルチーズが有名なパティスリーで、オリジナルケーキを数十種類取り揃えている。カフェスペースもある。

☎0138-84-5677 住金森赤レンガ倉庫BAYはこだて内 ◐9時30分〜19時（季節により変動あり）休無休（BAYはこだてに準ずる）交電停十字街から徒歩5分 P100台（2時間無料）MAP P124B2

五稜郭周辺

ぱてぃすりー・しょこらてぃえ しゅうぇっと かかお
パティスリー ショコラティエ シュウェット カカオ
チョコレートが自慢の店

人気は、生チョコガナッシュとフレッシュな純生クリームのハーモニーが魅力のショコラモンブラン440円。カカオの香りが楽しめる。

☎0138-33-5766 住函館市梁川町27-16 ◐10時〜19時 休木曜 交電停五稜郭公園前から徒歩12分 P9台 MAP P125A2

元町周辺

あんじぇりっく ゔぉやーじゅ
Angélique Voyage
賞味期限30分！完売必至の人気商品

ふんわりとした生クリームに季節のフルーツを使ったクレープが人気。すべてが繊細なバランスで成り立っているので早めに食べることをおすすめ。

☎0138-76-7150 住函館市弥生町3-11 ◐10〜19時 休月・火曜（祝日の場合は翌日）交電停大町から徒歩4分 Pなし MAP P124A1

おみやげに

焼き菓子詰合せ1220円〜。人気のイタリアの焼き菓子詰合せ。好みに合わせてチョイスも可能

**ミッレフォーリエ
480円**

カラメリゼしたパイ生地の間にカスタードとバタークリームを合わせたクリームを挟んだ人気の一品。併設のカフェでドリンクと一緒にもいただけるケーキセットS900円。

石川町周辺

ちっちょ ぱすてぃっちょ
CICCIO PASTICCIO
函館で人気のイタリアンスイーツを楽しむ

イタリアの言葉で「かわいいお菓子屋さん」の意味を持つ店名の通り、ショーケースにはかわいいケーキが並ぶ。生クリームや小麦粉など北海道産の素材にもこだわっているお店。函館でイタリア菓子をいただくならこちらがオススメ。

☎0138-34-7020 住函館市石川町316-5 ◐10〜19時（日曜は〜18時）休月曜、不定休 交函館バス昭和ターミナルから徒歩8分 P4台 MAP折込裏E8

イタリアで見かけるようなカラーの外壁が印象的

おみやげに

マカロン22個入5184円 冷蔵発送可能。15種・1個216円にて単品でも販売

**アンシャンテ
490円**

バタークリームとカスタードクリームのくちどけの良さにいちごの酸味が心地よい見た目も美しいケーキ。

五稜郭周辺

ふらんすがし ぺしぇ・みにょん
フランス菓子 ペシェ・ミニヨン
函館きってのフランス菓子専門店

閑静な住宅街に立つフランス菓子専門店。店内に広々としたサロンを併設しており、彩も美しいフランス菓子が並び、ケーキは中庭でも楽しめる。ちなみに店名の意味は「小さな罪」といい、甘い誘惑に負けてしまうこと必至だ。

☎0138-31-4301 住函館市乃木町1-2 ◐11〜18時 休火・水曜 交電停柏木町から徒歩20分（車で7分）P18台 MAP P121C2

日差しが降り注ぐ店内からは中庭が見渡せる

開港以来受け継がれた味
函館塩ラーメン、はずせません

約150年前、中国系商人がもたらした麺料理がルーツという
塩ラーメン。今では各店のこだわりが光る、定番の函館グルメです。

味彩塩拉麺 880円
豚バラ肉のチャーシュー、シャキシャキした水菜、三つ葉がのる。

もう一皿

チャーマヨ丼 400円
自家製チャーシューをマヨネーズで和えた逸品。

五稜郭周辺
はこだてめんちゅうぼうあじさい ほんてん
函館麺厨房あじさい 本店

創業以来受け継がれる伝統の味

創業80年以上、現在道内に5店舗を展開する老舗。豚骨や鶏ガラをじっくりと煮込んだスープはうまみがしっかりとしている。昆布や天然の岩塩で、あっさりでいてまろやかな味に仕上げられ、ストレートの細麺と好相性。

☎0138-51-8373 🏠函館市五稜郭町29-22 🕐11時～20時25分LO 🈺第4水曜(祝日の場合は翌平日) 🚃電停五稜郭公園前から徒歩7分 🅿7台 **MAP**
P125A2

店内はモダンな雰囲気

函館塩ラーメンの特徴は？

函館塩ラーメンは基本的に、ストレートの細麺と透明のスープが特徴。スープは豚骨、鶏ガラ、昆布などを弱火で煮出して作り、あっさりしていながらも、コクがある。

函館塩ラーメン 600円
すっきりしたクセのないスープと自家製麺の相性が抜群。

函館駅周辺
じょうけん
滋養軒

作り続けて70年の自家製麺をぜひ

創業以来毎日作るという自家製麺が評判。生卵を使用した麺は、仕込んだ後に1日寝かせることでぷりぷりの食感になる。豚骨と鶏ガラを煮込んだスープは丁寧にアクを取り除くため、鉢の底が透けて見えるほどの透明さ。

☎0138-22-2433 🏠函館市松風町7-12 🕐11時30分～14時(スープがなくなり次第閉店)、17時～スープがなくなり次第閉店 🈺火・水曜 🚃JR函館駅から徒歩5分 🅿3台 **MAP**P123D1

これも人気

焼きギョーザ 400円
ラーメン用の小麦で作るシンプルながらも味わい深い一品

カウンター席とテーブル席がある

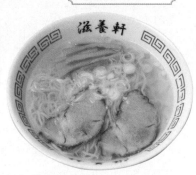

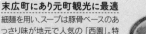

塩ラーメン 650円
鶏ガラやトンコツを煮込んだスープに、中細ちぢれ麺が絡み美味。

末広町にあり元町観光に最適
細麺を用い、スープは豚骨ベースのあっさり味が地元で人気の「西園」。特に塩ラーメン600円は地元客が太鼓判を押す人気メニューだ。
☎0138-27-1943 **MAP** P122B2

これも人気

函館チャンポン麺830円
ピリ辛スープが、盛りだくさんの肉や野菜、魚介とマッチ！

| 湯の川温泉 |
りんさん

りんさん

創業60年以上の老舗ラーメン店

ストレートの細麺が、豚骨、鶏ガラ、道南産昆布を煮込んだあっさり味のスープによく絡み、のどごしよく楽しめる。仕上げの自家製のラードが、素朴な塩ラーメンにパンチを加味。

☎0138-57-7756 🏠函館市湯川町1-9-13 🕐11時30分〜19時（スープがなくなり次第閉店）🚫金曜 🚃電停湯の川温泉から徒歩10分 🅿8台 **MAP** P121D2

| 函館駅周辺 |
はこだてめんやゆうみん

函館麺屋ゆうみん

スープはあっさり＆まろやか

創業以来70年余の歴史ある中華料理店。オリジナルの塩ラーメンは、岩塩や香味油を使用したスープがまろやかで、味わい深い。豚バラで作るチャーシューも人気の秘密。

☎0138-22-6772 🏠函館市若松町19-1 🕐11〜23時 🚫無休 🚃JR函館駅からすぐ 🅿4台 **MAP** P123D1

店内はカウンターとテーブル席

明るく広々とした店内は全28席

塩ラーメン 650円
昔ながらのシンプルな具。試行錯誤を繰り返したとの麺はツルツルと、食感ものどごしもよいのが特徴。

➕

もう一皿

焼餃子500円
サイドメニューイチオシの自家製焼餃子。皮や餡はもちろん、辣油までもが店主が腕を振るう自家製！

| 元町 |
しんはこだてらーめん　まめさん

新函館ラーメン マメさん

自家製麺とスープが相性抜群

母体となる老舗製麺会社の特注麺や、比内鶏を使ったコクのあるスープなど、素材にこだわったラーメンが自慢。麺とスープの特徴が異なる3種類の塩ラーメンが揃う。

☎0138-27-8811 🏠函館市宝来町22-6 🕐11〜15時、17〜20時 🚫木曜と第2・3水曜 🚃電停宝来町から徒歩3分 🅿3台 **MAP** P123C3

女性ひとりでも気兼ねは無用

もう一皿

いかめし420円
函館近郊、森町の特産品。イカの苦みと甘いタレが絶品。

➕

元祖マメさんラーメン（塩味）650円
創業40年余。屋台時代の味を再現。ウェーブのかかった卵麺を使用。

📖 函館最古のラーメンの記録は、明治17年（1884）に「養和軒」（現在閉店）が出した新聞広告。「南京そば」と書かれていました。

87

1度食べるとはまっちゃう
函館市民も大好きB級グルメ

地元客はもちろん、観光客の心も掴んで離さない、
個性派揃いのB級グルメは食べなきゃ損！

これもオススメ！

大人気の
オリジナルラキポテ
352円

バンズ
食物繊維やビタミンを含む穀物、キヌアを配合したバンズ。体にやさしい

レタス
函館・大野産のレタスは4〜6月の期間限定で使用。農薬や化学肥料を極力使わずに育てられている

ベイエリア

らっきーぴえろ べいえりあほんてん

ラッキーピエロ ベイエリア本店

全国級の人気！ ご当地バーガー

「ラッピ」の愛称で親しまれ、道南エリアに17店舗を展開。食材のほとんどを、函館をはじめとした道南産でまかなうバーガーを販売している。1番人気のチャイニーズチキンバーガーのほか、函館のイカを使ったイカ踊りバーガー363円、北海道の郷土料理・ラム肉を使ったジンギスカンバーガ440円など、個性豊かなメニューが揃う。サイドメニューも豊富。ベイエリアには、函館湾を一望できるマリーナ末広店（MAP P124B2）がある。

☎0138-26-2099 住函館市末広町23-18 ◐10～23時 休無休 交電停末広町から徒歩3分 Ｐなし
MAP P124B2

チャイニーズチキンバーガー
385円

チキン
北海道産の鶏肉を使用。唐揚げは、食べるとき落とさないように注意！

五稜郭周辺

はせがわすとあ なかみちてん

ハセガワストア 中道店

豚肉で作る"やきとり"弁当

函館市内と近郊に展開するコンビニチェーン店。名物はやきとり弁当で、注文を受けてから焼き上げる"やきとり"は熱々。味付けは醤油ベースの特製ダレ、塩、塩ダレ、ミソダレ、うま辛ダレから選べる。

☎0138-54-1521 住函館市中道2丁目14-16 ◐24時間営業 休無休 交JR函館駅から函館バス昭和営業所方面行きで25分、鍛治団地下車すぐ Ｐ20台
MAP 折込裏E8

フタに挟んで
串から抜く！

▲名前はやきとりだが、豚肉を使用。串から外して食べよう

やきとり弁当（中）
650円
（価格が変動する場合あり）

開店以来、愛され続け誰もが自慢したくなるソウルフード！

老舗レストラン「Jolly Jellyfish」の元祖ビーフステビ1480円（写真）は、何度でも食べたくなる！と評判の味わい。秘伝のタレが絡んだ牛肉とバターが香ばしいピラフが相性抜群だ。

☎0138-76-8215 **MAP**P124A1

東川町

たつみしょくどう　ひがしがわほんてん
たつみ食堂 東川本店

ボリューミーなもも肉を豪快に食べる

北海道産の鶏肉の半身を丸々揚げたジャンボとりが名物。脂身が少なく、うまみのある大きな鶏肉は、中はジューシー、皮はサクサクの食感だ。ジャンボとりは、50円プラスでライスと味噌汁、漬け物、小鉢が付く定食となる。

☎0138-22-1310 **住**函館市東川町6-1 **⏰**10時30分～20時 **休**無休 **交**電停宝来町から徒歩5分 **P**6台 **MAP**P123C3

▶テイクアウトは単品1350円、地元客は家に持ち帰って食べる人も多い

ジャンボとり
1350円

◀鶏もも肉がまるまる入った、食べごたえ満点のメニュー

やわらかチキンレッグカレー
950円

新川町

すーぷかりーしょくどう　よしだしょうてん
スープカリー喰堂 吉田商店

お気に入りの辛さでスープカレーを

豚骨と鶏ガラをじっくり煮出しただしに、スパイスや調味料、特製ラードを加えたコク深いスープが自慢。11段階ある辛さから選べるので、子供からお年寄りまで、幅広く愛されている。

☎0138-27-1270 **住**函館市新川町24-1 **⏰**11時30分～14時30分LO,17時30分～21時30分 **休**不定休 **交**電停千歳町からすぐ **P**9台 **MAP**P120B2

ベイエリア

かりふぉるにあべいびー
カリフォルニアベイビー

アメリカンなB級グルメ

大正時代建造の旧郵便局を改装したカフェで、「カリベビ」の愛称をもつ。看板メニューは、バターライスの上に大きなフランクフルト、自家製ミートソースをたっぷりかけたシスコライス。客の8割がオーダーするほど親しまれている。

☎0138-22-0643 **住**函館市末広町23-15 **⏰**11～21時 **休**木曜 **交**電停末広町から徒歩3分 **P**なし **MAP**P124B2

▶店主がアメリカで食べたチリビーンズを日本風にアレンジ

シスコライス
980円
（価格が変動する場合あり）

 吉田商店では、ガゴメ昆布の入った豚挽肉とオクラとガゴメ昆布のネヴァーカレー950円も味わえます

函館のおみやげ

「函館ならでは」をお持ち帰り！

函館産の、上質な素材で作られた人気のグルメみやげが大集合。
定番みやげから海鮮とコラボした絶品スイーツまで、よりどりみどり！

はこだてスイーツ

チーズオムレット
申し分ない
ふんわり食感！
4個入 864円
北海道の厳選素材使用。半熟オムレツのような口溶けが楽しめるスフレタイプのチーズケーキ❶

ロマネスク函館 6枚入り
函館市民の
おやつの定番！
（こしあん&焼チーズ）
1183円
洋風のパイ生地に餡のとりあわせが絶妙！トースターなどで少し温めると更においしく❸❺

マカロン
丸くてカラフル
サクッと美味！
1個 194円
ピスタチオ、バラ、レモンなど、5種類のクリームが入ったマカロン❷

大人のドンマカ
濃いめの味が
たまらない！
570円
がごめ昆布の風味と塩味がアクセント！お酒のおつまみにピッタリ❹

ボナペティ
味はスイート
形はキュート！
6個入り 1274円
ハート型をしたかわいいマドレーヌ。メープルシュガーの上品な甘さがクセになる❶

はこだて雪んこ
丁寧につくられた
不思議食感スイーツ
袋2個入り
（かぼちゃ・プレーン）各594円
箱6個入り（プレーン）1782円
サツマイモ「黄金千貫」で作ったスイートポテト風新感覚スイーツ❸❺

函館駅周辺
はこだてようがしすなっふるす はこだてえきなかてん
函館洋菓子スナッフルス 函館エキナカ店 ❶
☎0138-83-5015 住函館市若松町12-13 JR函館駅構内 ⏰9〜18時 休無休 交JR函館駅構内 Ｐなし MAP P123C1

函館駅周辺
ほっかいどうしきさいかんじぇいあーるはこだててん
北海道四季彩館JR函館店 ❸
☎0138-83-2966 住函館市若松町12-13 JR函館駅構内 ⏰7〜20時 休無休 交JR函館駅構内 Ｐなし MAP P123C1

五稜郭周辺
はこだて ふうげつどう
函館 ふうげつどう ❷
☎0138-86-7026 住函館市石川町183-1 ⏰10〜19時 休不定休 交JR桔梗駅から車で5分 Ｐ7台 MAP折込裏E8

函館市内
やなしょうてん
やな商店 ❹
☎0138-26-8519 住函館市新川町1-2 はこだて自由市場内 ⏰9〜16時 休日曜 交JR函館駅から徒歩10分 Ｐ40台（はこだて自由市場共有駐車場、1時間まで無料以降30分毎に100円）MAP P123D1

90 ※ 料金やパッケージは2023年4月現在のものです。

北海道限定の キャラメルシリーズ

みやげ店などで購入できる「北海道キャラメルシリーズyukkyバージョン」。ソフトな味わいが特徴。イラストは北海道在住のイラストレーター・yukkyさん。左から富良野メロンキャラメルと北海道ポテトキャラメル。

● 海鮮

有名駅弁を手軽に おみやげに

元祖森名物いかめし
(2尾入り) 1188円
生イカに生米を入れ甘辛タレで炊いた函館と言えばこれ！の真空レトルトパック❸❺

ズワイガニが たっぷり！

カネニのかにまん
3個入り1500円
店頭でも蒸したてを販売しているかにまんのおみやげ品。個包装で食べるときにも便利❸❻

人気の3種が セットに！

布目 社長の太鼓判
80g×3個 1100円
社長推薦のイカ塩辛、いかジャン辛、松前漬がセットになっている❸❺

● がごめ＋α

北海道の味覚が 調味料に変身！

熟成がごめ 昆布しょうゆ
640円（300㎖）
希少ながごめ昆布を使ったうま味がたっぷりの醤油。刺身のおいしさを引き立てます❼

ガゴメと山わさびの 強力タッグ

がごめ昆布しょうゆ味
650円
ネバネバのガゴメ昆布に山わさびのピリッとした味はご飯のお供に最高❼

昆布の旨みを ギュッと凝縮！

ふりかける磯とろろ
20g540円
風味豊かな磯の香り。麺類、汁物、おにぎりなどにおすすめ❼

函館空港
ざ はこだて でぱーと

THE HAKODATE DEPART ❺

☎0138-57-8884 ⊕函館市高松町511 ⊕8時～19時30分（最終搭乗時刻に合わせて営業）休無休 交JR函館駅から車で20分 P813台（入場から30分間無料）MAP折込裏E8

函館駅周辺
かにまんちゃや

かにまん茶屋 ❻

☎0138-22-0400 ⊕函館市若松町9-24 ⊕6～14時 休無休 交JR函館駅から徒歩2分 Pなし（有料共同駐車場あり）MAP P123C1

函館駅周辺
まるごとほっかいどうすとあ
えぞりす ばい ねばねばほんぽ

まるごと北海道ストア えぞりす by ねばねば本舗 ❼

☎0138-27-4777 ⊕函館市若松町20-1キラリス函館 ⊕10～18時 休無休 交JR函館駅から徒歩2分 P有料駐車場あり（利用500円以上で30分無料）MAP P123D1

おいしい水から生まれた函館の地ビールは格別！

豊かな自然と北国としては比較的温暖な気候で、山海の幸に恵まれる函館。
地産の新鮮食材から作る料理を味わいながら、地ビールで乾杯！といきましょう。

ベイエリア
はこだてびーる
はこだてビール

個性豊かなできたてビールを味わう

レンガ造りの地ビール工場に併設されたビアレストラン。函館山の良質な地下水のみを使用して製造するエール、アルト、ケルシュ、ヴァイツェンと「社長のよく飲むビール」の5種が揃う。道産食材をふんだんに取り入れた、フードメニューも好評。

☎0138-23-8000 🏠函館市大手町5-22
🕐11〜15時、17時〜21時30分 休水曜 電電停
魚市場通から徒歩1分 Pなし MAP P123C2

五稜の星
泡立ちが細かく、フルーティな香りとやわらかな味が特徴

明治館
深みのある味わいと、独特の苦みが特徴となっている

夜になるとライトアップされ、昼とは違う表情に

北の夜景
爽快な喉ごしが楽しめて、ほどよい苦みのケルシュビール

北の一歩
大麦麦芽を使用し、上面発酵で醸造したエールビール

各300ml 770円

湯の川温泉
えんでばー
Endeavour

函館湯川ブリュワリー併設のビアカフェ

2018年のオープン以来、オシャレな店内には多くの地ビールファンが集う。クラフトビールは道南・乙部町の水や大麦を使用しており、併設の函館湯川ブリュワリーで醸造。ビールに合う料理とともに、魅力あふれる各種ビールを飲み比べよう。

☎0138-84-6955 🏠函館市湯川町1-26-24
🕐11〜21時LO 休水曜 電電停湯の川温泉から徒歩2分 P5台 MAP P121D2

居心地よい空間で、ほろ酔い気分を満喫できる

Rauch（ラオホ）741円
燻製したモルトを使用。スモーキーな香り&風味が特徴

Weizen
（ヴァイツェン）
741円
小麦を使用しており、フルーティでさっぱりした味わい

PaleAle
（ペールエール）741円
フルーティな香りでコクがある。琥珀色が美しいビール

道南で注目の地酒郷宝（ごっほう）　『道南の米・水・人で醸す酒』

2021年に七飯町に誕生した道南唯一の酒造会社。郷土で栽培された酒造好適米「吟風・彗星・きたしずく」などを自社の精米機で磨き、横津岳の伏流水で仕込んでいる。地元の食を地元のお酒でぜひ味わってみてほしい。

☎0138-65-5599（箱館醸蔵有限会社）
🏠七飯町大中山1-2-3 MAP 折込裏E7

郷宝純米大吟醸
壱火
彗星磨き三割五分
720ml 2970円
契約栽培米の最高品質のものを厳選し35%まで磨き上げ厳寒の中長期低温発酵で仕込んだお酒。

郷宝特別純米
「吟風」
720ml 1980円
郷宝の味わい「淡麗旨口」の原点となる日本酒。箱館醸蔵 東谷杜氏渾身の1本。バランスの良い飲みやすい日本酒。

酒蔵併設直売所のほか函館空港、七飯町道の駅などで取り扱い

ゆったりくつろげる場所へ
私にピッタリの宿探し

市内観光に便利なところへ泊まりたい、
宿へ帰っても函館を楽しみたい。
それぞれの希望にマッチした場所が見つかるよう、
幅広いラインナップでご紹介します。

新鮮な魚介類を朝からたっぷりといただく
朝食自慢のハコダテのホテル

函館は朝食が充実したホテルがたくさん。
各ホテル自慢の旬を味わいつくす朝食ビュッフェで朝から豪華に楽しみませんか

▲朝から贅沢に「北海道産いくらかけ放題」を堪能

Point

北海道らしさたっぷりのメニューが揃い、一番の人気は「北海道産イクラかけ放題」。そのほかにも津軽海峡産の本マグロをはじめ海鮮が目白押しで並んでいる。もちろん洋食派の方にもおすすめの定番メニューも取り揃えている。

ベイエリア 🚭 🍴 ⛲ 🧖

らびすたはこだてべいあねっくす

ラビスタ函館ベイ ANNEX

和モダンな客室と天然温泉が魅力

人気ホテル「ラビスタ函館ベイ」の別館は、和と洋が織りなす非日常空間。上層階は趣の異なる3種の無料貸切風呂と函館山を望める眺望大浴場で湯めぐりを堪能できる。朝食は北海道の旬の食材を使った豪華ビュッフェが自慢。

◀スパークリングワインと地酒も用意。新鮮な海鮮などと一緒にどうぞ

料金
✤1泊ツイン朝食付✤
2万2000円～
✤時間✤
🕐IN15時、OUT11時

☎0138-24-2273 🏠函館市大手町5-23 🚃電停魚市場通から徒歩約3分 🅿43台 ●鉄筋10階建て ●全74室(T35・その他39) MAP P123C1

▲函館の美しい街並と海を一望できる露天風呂

源泉かけ流し 🍴部屋食 💆エステあり 🚭禁煙ルームあり 🛁大浴場あり 👤ひとり宿泊OK

函館駅周辺

せんちゅりーまりーなはこだて

センチュリーマリーナ函館

エステやバーも充実しており快適に過ごせる

駅前にありながら、絶景のインフィニティバスの天然温泉と、北海道の素材を生かした朝食ビュッフェが楽しめると話題のホテル。客室はペットと泊まれる部屋や天然温泉付きのスイートルームまで17タイプから選べる。

☎0138-23-2121 住函館市大手町22-13 交JR函館駅から徒歩5分 P113台 ●鉄骨鉄筋15階建て●全286室（S58・T171・TR171・その他6） MAP P123C1

Point

北海道のフレッシュな食材を活かした「体にやさしい朝食」がテーマ。新鮮な海鮮をはじめ北海道名物のスープカレーなども。ご飯もおひつに入った白米と玄米が提供。朝食ビュッフェではスパークリングワインも用意されている。

料金

÷1泊朝食付÷

ダブル

1室1万2400円～

（おひとり様）

÷時間÷

○IN15時、OUT11時

1 シモンズ社と共同開発のベッド使用ダブルルーム 2 目の前に函館山が見える開放感のある浴室

Point

自慢の朝食テーマは「函館に来た」満足感。定番人気のイカやサーモンにイクラかけ放題のオリジナルのっけ丼。シェフが鉄板で焼く牛ステーキや当日つくりたての湯豆腐やパンなど常時120種ほどの料理が並んでいる。

料金

÷1泊2食付÷

平日1万円～

休前日1万3000円～

÷時間÷

○IN15時、OUT11時

1 シックなデザインで落ち着きのある本館のプレミアムツインルーム 2 函館港を望む絶景の天然温泉

函館駅周辺

はこだてこくさいほてる

函館国際ホテル

宿泊客に好評の朝食メニュー

函館駅とベイエリアの中間に位置する、観光にもビジネスにも便利な好立地。本館最上階には函館港を望む天然温泉展望大浴場を完備。眺望よく、ゆったりくつろげる。館内には厳選食材とシェフのパフォーマンスが楽しめる鉄板焼きや、夜景を楽しめるバーも

☎0138-23-5151 住函館市大手町5-10 交JR函館駅から徒歩8分 P284台（1泊1000円）●鉄骨鉄筋7階建て（西館8階、本館13階）●全435室（S78・T302・TRP54・その他1） MAP P123C1

元町

ら・じょりーもとまち

ラ・ジョリー元町

隠れ家ホテルで自宅のように寛ぐ

2022年4月にリニューアルした、函館の観光エリア元町に立地する上品で落ち着いた空間の隠れ家的ホテル。全30室のデザインが異なる居心地の良い客室やラウンジスペースで思い思いに過ごすことができる。朝食は開放感のあるガラス張りのレストランでいただく。

☎0138-23-3322 住函館市末広町6-6 交電停十字街からすぐ P15台 ●鉄骨鉄筋7階建て● 全30室（T15・W4・その他11） MAP P124B3

Point

宿泊者には無料で提供される朝食は、函館らしい海鮮丼にできる新鮮なお刺身やいかめしに松前漬なども並ぶ。そのほか焼き立てのピザや新鮮なサラダやフルーツが並んでいる。（提供が中止となる場合があります。）

料金

÷1泊÷

スタンダードツイン

1室5000円～

（おひとり様）

シングルユース

1室1万円～

（おひとり様）

÷時間÷

○IN15時、OUT10時

1 ホテルのエントランスも落ち着いた上品なデザイン 2 全室デザインが異なる客室

函館らしさを満喫！
こだわりがつまったリノベーションホテル

古い建物を再利用し、レトロな雰囲気や特徴はそのままのホテルなど魅力はさまざま。
お気に入りのホテルをみつけましょう。

港町

にっぽにあ ほてる はこだて みなとまち

NIPPONIA HOTEL 函館 港町

北欧の雰囲気漂う リノベホテル

2023年2月に第26回函館市都市景観賞を受賞した、かつては昆布問屋の倉庫として利用されていた建築物を赤レンガの壁などをできるだけ保存しながらリノベーションした全9室のホテル。併設しているレストランでは採れたての海の幸などを活かした地産地消のフレンチディナーを提供している。カフェタイムに提供されるアフタヌーンティーも人気。☎0120-210-289（VMG総合窓口）⊞函館市豊川町11-8 ⊠電停十字街から徒歩5分 ℗提携駐車場有 ●木造レンガ造り2階建て ●全9室(T9) ⦿MAP P122B2

✤Note
北欧をイメージさせるぬくもりある雰囲気と、赤レンガのデザインが調和。3つのグレードから選べる。

1 赤レンガ倉庫の名残を感じる心地よい客室 2 今まで活用されていなかった倉庫をリノベーション 3 レストランでは新鮮な食材を使用した料理を楽しめる

⦿⋯⋯ 料金（1泊2食付）⋯⋯
✛ 平日、休前日ともに
　3万8720円〜（2名1室・おひとり様）
🕐 IN 15時　OUT 12時

函館駅周辺　（ルームエステ）

はこだてだんしゃくくらぶ ほてる あんどりぞーつ

HAKODATE男爵倶楽部 HOTEL&RESORTS

長期滞在にもぴったりの コンドミニアムタイプ

ホテル名は北海道の特産物「男爵イモ」の生みの親である川田龍 吉男爵にちなんで付けられた。コンセプトが「暮らすように過ごす」とあるように、全室にリビングやキッチン、バルコニーやビューバスを完備している。ニーズに応え、ペット対応ルームや車椅子対応ルームも用意。バルコニーからは函館山を望むことができる。

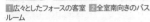

1 広々としたフォースの客室 2 全室南向きのバスルーム

⦿⋯⋯ 料金（1泊食事なし）⋯⋯
✛ 平　日　1万7000円〜（2名1室）
✛ 休前日　2万1000円〜（2名1室）
🕐 IN 15時　OUT 10時

✤Note
食事は「街が食卓」をコンセプトにホテルが市内の厳選した店を紹介。部屋食を選択しゆっくりと過ごすことも可能。

☎0138-21-1111 ⊞函館市大手町22-10 ⊠JR函館駅から徒歩3分 ℗24台（1泊1000円・先着順）●鉄筋10階建て ●全52室(T36・その他16)⦿MAP P123C1

🛁源泉かけ流し 🍴部屋食 💆エステあり 🚭禁煙ルームあり ♨大浴場あり 🛏ひとり宿泊OK

函館元町ホテル
元町
はこだてもとまちほてる

🚭 ゆ 👤

新選組ゆかりの地で
ゆったりステイ

新選組屯所跡地に立つ、細やかなサービスが自慢のホテル。全室がモダンなデザインの洋室になった本館に、明治40年（1907）築の蔵を改装した別館「屯所の庵」が隣接。別館は1階に和室、2階に洋室の2部屋のみで、それぞれ1～4名の宿泊が可能。オーナーもガイドを務める街歩きはフロントで申し込める（90分1000円、要事前予約）。

・・・・・・ 料 金 ・・・・・・
÷ 6000円～1万2000円
（おひとりさま・要問合せ）
🕐 IN 15時 OUT 10時

✳Note
カフェ＆キッチン 海の時計では、港の景観が楽しめる。宿泊客の朝食1200円（要事前予約）はここで。

☎0138-24-1555 🏠函館市大町4-6 🚋電停大町から徒歩2分 🅿16台 ●鉄筋3階建て＋土蔵造り蔵2階建て ●全27室（T20・その他7）
🗺P124B1

1 別館2階の洋室はレトロな雰囲気

2「屯所の庵」は明治時代の商家の離れをリノベーション

HakoBA 函館
元町
はこば はこだて ばいざしぇあ ほてるず

🚭 ゆ 👤

by THE SHARE HOTELS

趣の異なる建物で
多彩な楽しみ方を提案

歴史的建造物の旧銀行と美術館の2つの建物のそれぞれの特徴を生かしてリノベーションしたホテル。「BANK棟」は当時の名残を残しモダンでクラシカルな内観や客室になっている。元美術館の「DOCK棟」は船がモチーフで実際に使われていた計器などがインテリアの一部となっており、ドミトリータイプのベッドや共用キッチンなどもあり。

・・・・・・ 料 金 ・・・・・・
÷ 平日、休前日ともに
　ツイン2万円～
　ドミトリー3600円 など
🕐 IN15時 OUT10時

✳Note
旧銀行の細部の意匠や、船を模した旧美術館の面影が残る粋なデザインを楽しみたい。

☎0138-27-5858 🏠函館市末広町23-9 🚋電停末広町から徒歩3分 🅿なし ●鉄筋2階建て ●全58室（T3・W6・その他39）
🗺P124B2

1 旧銀行の雰囲気が残るBANK棟ツインルーム 2 築約90年の旧銀行と、赤レンガの旧美術館

函館クラシックホテルズ 藍
元町
はこだてくらしっくほてるず あい

🚭

古民家のぬくもりと
居心地のよさを満喫する

函館市の景観形成指定建築物でもある、大正4年（1915）築造の旧和島家住宅をリノベーションした大正ロマンを感じる和洋折衷建築のホテル。1階は和のテイストの広々とした畳敷きのリビング・ダイニングに24時間入れる壺風呂がある。2階には洋風の造りの4部屋があり2～8名までの一棟貸しとなりグループや家族旅行に好評。

・・・・・・ 料 金 ・・・・・・
÷ 平 日　5万円～
÷ 週 末　6万円～
　（共通：清掃料金 1回 5000円）
🕐 IN 15～21時 OUT 5～10時

✳Note
1階は和風、2階は洋風の歴史を感じさせる建物は、市の景観形成指定建築物等でもある

☎0138-87-0038 🏠函館市弁天町16-9 🚋電停函館どつく前から徒歩5分 🅿2台 ●木造2階建て ●全4室 🗺P122A1

1 琉球畳を敷いた1階の和風リビングルーム 2 入口は風情あるのれんが掛かる

部屋や大浴場から眺めることができる 夜景が自慢のホテル

函館の夜をとことん楽しむには、こだわりの夜景自慢のホテルを選びたい。
感動の情景で極上のホテルステイを楽しんで。

函館駅周辺 🚭♨🛁🧖

ぷれみあほてるきゃびんぷれじでんとはこだて
プレミアホテル-CABIN PRESIDENT-函館

最上階の夜景フロアで 函館のパノラマを満喫

2023年6月リブランドオープン。函館駅からすぐ、函館空港から直行バスで約20分とアクセス抜群。多彩なメニューで人気の朝食ビュッフェではモーニングワインも提供。最上階の夜景バーでは、函館の街を一望しながらクラフトビールやオリジナルカクテルを楽しめる。

☎0138-22-0111 🏠函館市若松町14-10 🚇JR函館駅からすぐ 🅿110台(1泊1000円) ●鉄筋13階建て ●全199室(S87、T83、W29) MAP P123C1

1 函館の街並みを望むことができる客室 2 朝食は酢飯にお好きな海鮮をのせて勝手丼も作れる 3 夜景を楽しめる13階にあるバー

✳Note
夜景フロアでは、夜景バーのクラフトビールセットつきなどの限定特典あり。時期によって限定特典の内容は変わる。

···· 料 金(1泊朝食付)····
✤ シングル1泊　8000円〜
✤ ツイン1泊　1万4000円〜
🕐 IN 15時　OUT 11時

1 函館の絶景を楽しみながら入浴できる露天風呂付大浴場 2 ソファーでゆったりとくつろぎながら夜景を楽しみたい

函館駅周辺 ♨🧖

とうきゅうすていはこだてあさいち あかりのゆ
東急ステイ函館朝市 灯りの湯

高層階のラウンジと 大浴場からの眺めは絶景

函館朝市も至近で観光の拠点に便利なうえ、どの部屋からも函館の景色が楽しめるホテル。18階の最上階には函館の夜景や函館湾を一望できる露天風呂付温泉大浴場がある。大浴場営業時間内には17階にある湯上りラウンジ「灯」を利用することができ、フリードリンクを片手に眺望を楽しむことができる。朝食も「函館朝市」の提携17店舗から選べ食事も楽しめるホテル。

···· 料 金(1泊朝食付)····
✤ 平日、休前日ともに
　8000円〜
🕐 IN 15時　OUT 11時

✳Note
ラウンジ棟内の「Kagayaki」では絶景を楽しみながら人気のデザートや地ビールなどが楽しめるのがうれしい。
※大浴場、ラウンジ共に宿泊者のみ利用可能

☎0138-27-7109 🏠函館市大手町22-1-1 🚇函館駅から徒歩4分 🅿なし ●鉄筋18階建て ●全14室 MAP P123C1

函館のホテル

観光の拠点にぴったりの
シティホテルをセレクト。
旅の目的エリアに合った
ホテルを選ぼう！

元町
すもーる たうん ほてる はこだて
SMALL TOWN HOTEL Hakodate

古きよき面影を再生した宿

築100年ほどの「大三坂ビルヂング」を再生。この建物棟は市の歴史的建造物であり、旧住居棟をプライベートホテルとし、瀟洒でいて温かみもある雰囲気を醸している。内装に使用している古い民具や建材なども必見で、居心地よい素敵な空間づくりに一役買っている。一棟貸切りで、リビングの他、4ベッドルーム。

DATA ☎0138-83-8742 **住**函館市末広町18-25 **交**電停十字街から徒歩5分 **P**4台 **¥**一棟貸切3万6000円 **○**IN15～20時 OUT～10時 ●鉄筋2階建 ●全4室(個室2、ドミトリー2) **MAP**P124B2

五稜郭周辺
ほてるほっけくらぶはこだて
ホテル法華クラブ函館

好立地と朝食ビュッフェで人気

五稜郭電停すぐそばで観光スポットへのアクセスも抜群で路面電車が行きかう様子も楽しめる。ホテルからは繁華街も近く函館グルメを堪能するには便利。朝食バイキングでは北海道の郷土料理をはじめ和洋中の料理が並び、函館名物のイカ刺しや毎朝ホテルで焼き上げているパンをはじめスイーツやドリンクも充実しており朝の食事が楽しみになるホテル。大浴場は人工温泉の光明石温泉で温まりリラックスできると評判。浴場には男女ともにシャンプーバーが設置されており人気となっている。

DATA ☎0138-52-3121 **住**函館市本町27-1 **交**電停五稜郭公園前から徒歩1分 **P**提携駐車場50台(1泊800円) **¥**1泊シングル8800円～ **○**IN14時／OUT11時 ●159室 **MAP**P125B3

アクセス抜群なので観光の拠点におすすめ

シンプルで使いやすい客室

五稜郭周辺
ほてるまいすていずはこだてごりょうかく
ホテルマイステイズ函館五稜郭

こだわりのベッドで快眠

客室はシンプルで清潔感のあるインテリアでまとまった、居心地よい雰囲気。2018年5月にリブランドオープン。館内の1階にはコンビニが併設されており24時間利用でき便利。

DATA ☎0138-30-2111 **住**函館市本町26-17 **交**市電五稜郭公園前から徒歩1分 **P**72台(1泊700円) **¥**1泊シングル8640円～ **○**IN15時 OUT11時 ●鉄筋14階建 ●全208室(D148・T60) **MAP**P125B3

五稜郭周辺
るーといんぐらんてぃあはこだてごりょうかく
ルートイングランティア函館五稜郭

五稜郭エリア唯一の天然温泉

14階に設置された温泉大浴場は早朝5時～翌2時まで入浴可能。シンプルな内装の客室は、シングル、セミダブル、コンフォートツインなど充実しており、公式ホームページから予約すれば朝食が無料になる。

DATA ☎0138-33-1550 **住**函館市本町11-10 **交**電停五稜郭公園前から徒歩3分 **P**110台(先着順1泊800円～) **¥**1泊シングル7500円～ **○**IN15時 OUT10時 ●鉄筋14階建 ●全250室(S90・T111・W15・その他34) **MAP**P125A2

函館駅周辺
こんふぉーとほてるはこだて
コンフォートホテル函館

無料朝食で1日を始めよう

電停函館駅前のすぐ前に位置し、市内各所へのアクセスが便利なのがうれしい。選べるビュッフェスタイルの無料の朝食サービスが用意される。客室は機能的で、全館無線LAN対応(無料)。

DATA ☎0138-24-0511 **住**函館市若松町16-3 **交**電停函館駅前からすぐ **P**19台(1泊550円)、提携駐車場あり **¥**無料朝食サービス7000円 **○**IN15時 OUT10時 ●鉄筋11階建 ●全139室(S20・T10・W109) **MAP**P123C1

函館駅周辺
ほてるりそるはこだて
ホテルリソル函館

充実した館内施設を大いに活用

約100種類のカクテルを提供するバーからは港の夜景が望め、雰囲気抜群。館内のスポーツプラザでは、シミュレーションゴルフや卓球、ビリヤードが楽しめるとあって好評だ(別料金)。

DATA ☎0138-23-9269 **住**函館市若松町6-3 **交**JR函館駅から徒歩3分 **P**64台(1泊500円) **¥**1泊シングル8000円～ **○**IN15時 OUT11時 ●鉄筋10階建 ●全112室(S69・T42・その他1) **MAP**P123C1

源泉かけ流し　部屋食　エステあり　禁煙ルームあり　大浴場あり　ひとり宿泊OK

海沿いの湯泉地
湯の川温泉ぶらり散歩

函館の奥座敷といわれる湯の川温泉は、道内屈指の歴史ある温泉地。
海辺や周辺の町歩きを楽しみましょう。

温泉街入口の湯の川小公園
にある足湯「湯巡り舞台」

✚ゆのかわおんせん
湯の川温泉って
こんなところ

湯量豊富な名湯。温泉の始まり
は、500年以上前と伝えられてい
る。その後、榎本武揚のアドバイ
スで明治19年（1886）に、本格
的な開発が始まり、道内最大の
温泉郷として発展した。海辺のロ
ーケーションのいい宿や、海の幸
自慢の宿など、魅力ある温泉宿
が揃っている。

アクセス

🚃 **電車**：電停函館駅前から湯の川行きで
湯の川温泉まで31分、湯の川まで32分。

🚌 **バス**：函館駅前から函館空港シャトルバ
スで12分。湯の川温泉下車。函館空港
からは同バスで8分

🚗 **車**：函館駅から国道278号で約5km。
函館空港から約3km

問合せ

函館湯の川温泉旅館協同組合
☎0138-57-8988（平日9〜17時）
MAP P121D2

湯の川温泉の入口は、市電の電停湯の川温泉。ここから右手海側が旅館街

モデルルート

START! → ① 電停湯の川 → 徒歩3分 → ① 湯倉神社 → 徒歩7分 → ② コーヒールームきくち → 徒歩10分 → ③ 函館市熱帯植物園 → 徒歩13分 → ④ やきだんご銀月 → 徒歩2分 → ⑤ 湯巡り舞台 足湯 → 徒歩すぐ → GOAL! 電停湯の川温泉

地元の温泉銭湯に立ち寄り

湯の川温泉には、温泉銭湯が点在。地元客も御用達のレトロ銭湯に行ってみよう。「大盛湯」は、戦前より営業を続ける老舗。49、44、42℃と湯温の違う3つの湯船がある。☎0138-57-6205

① 湯倉神社
（ゆくらじんじゃ）

湯の川の温泉発祥の地

室町時代に起源をもつ歴史ある神社で、ここに湧いた湯で傷を癒やした木こりが建てた祠がはじまり。湯の川温泉発祥の地とされている。

☎0138-57-8282 住函館市湯川町2-28-1 ¥境内自由 交電停湯の川からすぐ P80台 MAP P100

❶境内に立つ、湯の川温泉発祥の地碑 ❷樹齢約370年のご神木がある

徒歩7分

② コーヒールームきくち
（こーひーるーむきくち）

名物モカソフトは必食！

昭和56年（1981）創業の老舗カフェ。名物は、ジェラートのような不思議な食感のモカソフト。老舗コーヒー店、函館美鈴のコーヒーを使用。

☎0138-59-3495 住函館市湯川町3-13-19 営9時30分～18時30分（テイクアウト～19時、7・8月の金～火は～20時）休無休 交電停湯の川から徒歩6分 P10台 MAP P100

❶店内はレトロな雰囲気 ❷モカソフト330円（テイクアウトは290円）。バニラ味やミックス味がある

徒歩10分

③ 函館市熱帯植物園
（はこだてしねったいしょくぶつえん）

花々が咲き誇る園内は常夏気分

ガラス張りの温室で、約300種3000本もの南国の植物を展示。園内では、65匹ほどのニホンザルが暮らす。冬には温泉に浸かるサルが見られる。

☎0138-57-7833 住函館市湯川町3-1-15 営9時30分～18時（11～3月は～16時30分）休無休 交電停湯の川から徒歩15分 P124台 MAP P100

季節ごとにさまざまな花が咲く

温泉に浸かるサルが見られるのは12月からGW頃まで（詳細は要事前問合わせ）

④ やきだんご銀月
（やきだんごぎんげつ）

道産粉で作る人気の名物だんご

全国菓子博覧会で金賞をとった、だんご店。北海道産の上新粉を使った串だんごは、やわらかくてもっちり。夕方には売り切れてしまうことも。

☎0138-57-6504 住函館市湯川町2-22-5 営8時30分～17時30分 休不定休 交電停湯の川から徒歩5分 P約5台 MAP P100

徒歩13分

⑤ 湯巡り舞台 足湯
（ゆめぐりぶたい あしゆ）

電停そばでゆっくり休憩

電停湯の川温泉駅の目の前にある足湯。ろ過と消毒はしてあるが、効能はそのまま。電車の待ち時間に利用してみよう。タオルを忘れずに。

☎0138-57-8988（函館湯の川温泉旅館協同組合）住函館市湯川町1-16-5 ¥無料 営9～21時 休無休 交電停湯の川温泉から徒歩すぐ P2台 MAP P100

街歩きの疲れを癒やそう

徒歩2分

❶店の外まで香ばしい香りが漂う ❷こしあん、しょう油、ゴマの3種類。1本140円

松倉川沿いの街灯には、函館の名所が描かれたステンドグラスがあります。

海ビュー露天に和風旅館
好みで選ぶ湯の川の宿

湯の川にはたくさんの温泉宿があります。
泉質、ロケーション、コスパも満足できる温泉宿をご紹介。

写真提供：湯の川プリンスホテル渚亭

ゆのかわぷりんすほてる なぎさてい
湯の川プリンスホテル
渚亭

2018年7月にリニューアル！
津軽海峡の絶景を一望できる宿

ロビーやレストランが新たに生まれ変わり、新装された和モダンな客室も好評。大浴場からは、津軽海峡と函館山の景色を眺めながら湯浴みを堪能できる。海側と函館山側の二つの眺望から選べる、露天風呂付客室も人気がある。

1泊2食付料金
（海側露天風呂付
デラックスツイン禁煙）
÷2万3600円〜
※時期により異なる
‥‥‥ 時間 ‥‥‥
IN15時　OUT11時

☎0138-57-3911 🏠函館市湯川町1-2-25 🚃電停湯の川温泉から徒歩8分 🅿100台 ●鉄筋10階建 185室 ●2018年7月一部改装 ●風呂：内湯、露天風呂あり MAP P100

1 津軽海峡を眺めながら、チェックインでリゾート気分を体感 2 玄関室で靴を脱ぎ、ゆったりとくつろげる洋室 3 サクサク・ふわふわが自慢の朝食パンのコーナー

1 展望露天風呂からは、海の向こうに函館山も望める 2 3 2018年3月に新設オープンした大浴場

いまじん ほてるあんどりぞーとはこだて
イマジン ホテル＆
リゾート函館

食事はカジュアルビュッフェの
オーシャンビューリゾート

湯の川温泉エリアで人気が高いリゾート温泉ホテル。湯量豊富で、8階の展望露天風呂からは、海の向こうに函館山が見渡せる。ラウンジでは無料のコーヒーサービスがあり、夕食はバラエティ豊富なビュッフェスタイル。

1泊2食付料金
÷平　日　8150円〜
÷休前日 1万150円〜
‥‥‥ 時間 ‥‥‥
IN15時　OUT10時

☎0138-57-9161 🏠函館市湯川町3-1-17 🚃電停湯の川から徒歩15分またはバス停熱帯植物園前から徒歩2分 🅿90台 ●鉄筋8階建 131室 ●2012年4月開業 ●風呂：大浴場2(泡風呂・檜風呂・サウナ)、展望露天風呂2(内湯付き)、足湯1 ※男女1つずつを2とカウント MAP P100

じゅんわふうりょかん いちのまつ
純和風旅館 一乃松

旬の味を部屋で楽しめる
全館畳敷きの和風旅館

網元の旧別荘を改装した数寄屋造りの和風旅館。客室からロビー、廊下まで畳敷きだから、くつろぎ感満点。コの字型に庭園を囲んで配置された客室も落ち着いた造りで、朝夕とも、部屋でゆっくりと食事を楽しめるのも魅力。

1泊2食付料金
÷平　日　2万3000円〜
÷休前日 2万5000円〜
‥‥‥ 時間 ‥‥‥
IN15時　OUT10時

☎0138-57-0001 🏠函館市湯川町1-3-17 🚃電停湯の川温泉から徒歩7分 🅿20台 ●鉄骨2階建 29室 ●1965年9月開業 ●風呂：内湯2、露天風呂2 MAP P100

1 キンキや浜ゆで毛ガニなど厳選した食材が使われる夕食の一例 2 内湯は男女それぞれに露天風呂がある 3 館内はスリッパではなく足袋で過ごす

源泉かけ流し 部屋食 エステあり 禁煙ルームあり 大浴場あり ひとり宿泊OK

函館からひと足のばして
もっと自然や歴史に出合いましょう

四季折々のアクティビティが楽しめる大沼、
春には桜が咲き誇る城下町・松前、
歴史的建造物が残り、風情漂う江差。
函館近郊にある魅力的なスポットは見逃せません！

大沼の雄大な自然のなか アウトドアを楽しもう！

北海道で初めて国定公園に指定された大沼。函館から少し足をのばして、思う存分アウトドアを満喫したら、自然と一体化できるかも。

➕ おおぬまこうえん

大沼公園って こんなところ

駒ヶ岳の大噴火により、折戸川などがせき止められてできた景勝・大沼公園。大小さまざまな島と、大沼、小沼、ジュンサイ沼の3つの湖沼がある国定公園は、ラムサール条約湿地にも登録されている。そんな大自然を舞台に、アクティビティに興じてみよう。周辺はグルメも充実。

アクセス

 電車：JR函館駅から函館本線普通列車で約50分、または特急で約30分。大沼公園駅下車すぐ

 バス：函館駅前から函館バス鹿部出張所行きで約1時間。バス停大沼公園下車すぐ

 車：函館市街から国道5号または函館新道経由で約28km

問合せ 大沼国際交流プラザ
☎0138-67-2170（☞P105）
MAP 折込裏D7

島巡りの路コース

START	公園広場
▼	徒歩5分
	公魚橋 わかさぎばし
▼	徒歩5分
	浮島橋 うきしまばし
▼	徒歩5分
	日の出島 ひのでじま
▼	徒歩10分
	湖月橋 こげつばし
▼	徒歩15分
	石楠花橋 しゃくなげばし
▼	徒歩10分
GOAL	公園広場

ウォーキング

歩いて感じる大沼の自然

大沼と小沼の湖畔には4つのウォーキングコースがあり、橋でつながる小島を巡りながら自然にふれられる。遊歩道は整備されており、どのコースも緩やかな道。

島巡りの路

9つの橋を渡って小島を巡るコース。駒ヶ岳を望むビュースポットがあったり、夏季はスイレンの群生が見られ、大沼の自然を体感できる。所要約50分

大島の路

西大島と東大島を巡る。途中にある、『千の風になって』のモニュメントが記念撮影に人気。所要約15分

夕日の道

小沼湖の眺めを楽しみながら、ウォーキングができる。夕暮れには美しい夕日が見られる。所要約25分

森の小径

島巡りのコースから枝分かれしており、森林浴にぴったり。湖畔沿いに植物観察をしてみよう。所要約20分

大沼公園周辺

島巡りの路
200m

大島の路

公園広場
大沼遊船発着所 P.105
ポロト館大沼 展望閣店 P.105
大沼公園入口
プロイハウス大沼 P.107
大沼局
大沼国際交流プラザ P.105
カントリーキッチン P.106
WALD

夕日の道
沼の家 P.107
大沼公園

大沼公園駅

▲木道を進んだ先には駒ヶ岳の撮影スポットがある
▼パワースポットとして注目されている、駒ヶ岳神社

情報収集にぴったりの施設
大沼に来たら、まずは訪れたいのが「大沼国際交流プラザ」。ウォーキングやサイクリングのマップ、観光に役立つ各種パンフレットなどが無料で入手できるほか、スタッフが大沼での楽しみ方をアドバイスしてくれる。
☎0138-67-2170 ⓂⒶⓅP104

自転車を借りよう

ぽろとかんおおぬまてんぼうかくてん
ポロト館大沼展望閣店
大沼公園散策路の起点に立つ観光施設で利便性が高い。大沼湖畔を1周するなら1日コースがおすすめ。
☎0138-67-3311 🏠七飯町大沼公園185-5 💴1時間500円、1日1000円〜(乗り放題) 🕐4月〜11月中旬9〜15時 🈳無休 🚃JR大沼公園駅から徒歩5分 🅿30台 ⓂⒶⓅP104

サイクリング

風を切って大沼湖畔を一周！
大沼湖の湖畔沿いに、一周約14kmのサイクリングコースがある(ⓂⒶⓅP107)。アップダウンはほとんどなく、所要時間は最短で70分ほど。ところどころに自転車を停めて立ち寄りたいスポットがあるので、コースマップを忘れずに。

カヌー

駒ヶ岳をバックに湖散策
水上から見る大沼はまた格別。湖に写った駒ヶ岳や、水辺ならではの植物観察を楽しみたい。一見操縦が難しそうなカヌーだが、初心者でもすぐにコツがつかめるので気軽に挑戦してみて。湖の真ん中で大自然に囲まれよう。

いくさんだーおおぬまかぬーはうす
イクサンダー大沼カヌーハウス

カヌーに乗ろう

経験豊かなガイドとカヌー体験ができる。漕ぎ方を教えてくれるだけでなく、一緒に湖に出るので安心だ。
☎0138-67-3419 🏠七飯町大沼町22-4 💴5000円(2時間コース) 🕐9〜17時 🈳無休 🚃JR大沼駅から車で3分 🅿7台 ⓂⒶⓅP107

▲5〜10月が特におすすめ
▶ライフジャケットやパドルは貸してもらえる

▲心地よい風を感じよう

おおぬまゆうせん
大沼遊船

大きい船は80人乗れる！

定番の島巡り1周コースは所要約30分。景色の良いスポットをのんびり水上散歩。個性的なガイドが楽しく案内してくれる。
☎0138-67-2229 🏠七飯町大沼町1023-1 💴1320円(島巡り1周コース) 🕐4月〜11月の9時〜15時40分(約40分間隔で運航) 🈳期間中無休(荒天時は要問合せ) 🚃JR大沼公園駅から徒歩5分 🅿なし ⓂⒶⓅP104

遊覧船

大沼のみどころを優雅に回る
大沼湖と小沼湖をひと回りする遊覧船。大沼湖に面した船着き場を出発後、大小の小島や島同士をつなぐ橋や駒ヶ岳を見ながら小沼湖まで進み、元の桟橋に戻る。短い時間で、のんびりと湖全体の自然を味わえる。

大沼植物図鑑

森と湖が混在する大沼は、多種多様な植物に恵まれた森林浴にぴったりの場所。散策やサイクリングの途中に立ち止まって湖畔の花々に注目すれば、季節の流れを感じられる。

フジダナ
5月下旬〜末頃に咲く。大正天皇が大沼へ行啓された記念に植栽。

ミツガシワ
5月中旬開花。小さな白い花が下からだんだん咲き上がるのが特徴。

エゾミソハギ
7・8月、紫の可憐な花が咲く。大沼・小沼散策路に見られる。

コウホネ
6〜8月、湖沼に黄色い花を咲かせるスイレン科の植物。

スイレン
6〜8月開花。未の刻(14時)に咲くためヒツジグサとも呼ばれる。

📖 夕日を見るなら、「夕日の道」の途中にあるベンチからがおすすめです。

大沼の名物をボリュームたっぷり おすすめランチメニュー

大沼には、大沼牛や地元でとれた旬の野菜など、ぜひ味わいたい味覚がたくさん。
自然に囲まれたレストランで、のんびりと堪能しましょう。

これも人気！
手打ちピザ 1300円〜

おすすめメニュー
季節のプレート
2000円
旬の味が凝縮。
ライスorバゲットと
ドリンクが付く

これも人気！
手づくりケーキ 400円
季節によって
内容が変わる

おすすめメニュー
ダグラスセット
（サーロイン200g）
3950円
シンプルな味付けで
召し上がれ

らんばーはうす
ランバーハウス

大沼牛のステーキで肉本来のうまみを味わう

大沼牛は赤身が柔らかく、余計な味付けが必要ないほど味わい深いのが特徴。脂が少ないので、ボリュームがあってもペロリと食べられてしまう。セットにはパンorライス、牛乳orスープ、サラダが付く。

☎0138-67-3873 住七飯町軍川19-32 営11時〜14時30分、17時〜19時30分、品切れ時は閉店 休月曜（祝日の場合は翌日）交JR大沼公園駅から車で5分 P10台 MAP P107

❶店はオーナーが建てたログハウス。テラス席も人気❷カントリー調の店内は、天井が高く開放感がある

かんとりーきっちんばると
カントリーキッチンWALD

地元の味をふんだんに使った料理が評判

イタリアやフランスの家庭料理が味わえる。地元農家から仕入れた野菜やフルーツを使用し、素材の味を活かした料理が楽しめる。人気の季節のプレートは、旬の新鮮食材が一皿につまっている。

☎0138-67-3877 住七飯町大沼町301-3 営11〜15時、17〜21時 休水・木曜（祝日の場合は翌日）、12月に冬季休業あり※営業時間と定休日は変更の予定あり（未定）交JR大沼公園駅から徒歩5分 P6台 MAP P104

❶アーチ型の造りが独特なので、目印にして❷木の温もりを感じる空間。奥には個室もある

たーぶる・どぅ・りばーじゅ
ターブル・ドゥ・リバージュ

豊かな自然に包まれて旬のメニューを

大沼近郊の食材を使ったメニューが豊富に揃うカフェレストラン。湖月橋のすぐ近くにあり、大沼のほとりで味わうランチは格別。

☎0138-67-3003 🏠七飯町大沼町141 🕐11〜15時LO 休火曜
🚉JR大沼公園駅から徒歩7分 Ｐ8台 MAP P104

これも人気！
アップルパイ
920円

おすすめメニュー
リバージュランチA
1980円
メインの大沼牛ローストビーフにスープ、パン、コーヒーなどが付く

大沼周辺

サイクリングコース P.105

P104 大沼公園周辺

1km

大沼の地ビールをどうぞ

4種のビール飲みくらべセット1210円、ソーセージは1320円

ぷろいはうすおおぬま
ブロイハウス大沼

地元の天然水と麦芽100%で作る大沼地ビールのブリュワリー。おみやげ用ビールが揃うほか、店内で味わうことも可能。一番人気は、エールタイプのアルトで、苦みとコクのある味わい。

☎0138-67-1611
🏠七飯町大沼町208
🕐9〜17時 休火・金曜 🚉JR大沼公園駅から徒歩5分 Ｐ10台
MAP P104
※冬期は営業時間、定休日に変動あり。

やまかわぼくじょうみるくぷらんと
山川牧場ミルクプラント

ジャージー入りが人気の秘密

脂肪分が多いジャージー牛のミルクが入っているので、特濃牛乳180円もコーヒーミルク200円も濃厚。ソフトクリーム320円も〜ぜひ。

☎0138-67-2114 🏠七飯町大沼町635-1 🕐9〜17時(11〜3月は10〜16時) 休無休(11〜3月は木曜休) 🚉JR大沼駅から徒歩10分 Ｐ75台 MAP P107

ぬまのや
沼の家

大沼だんごの老舗店

明治38年（1905）の創業当時からの伝統製法を守る、元祖大沼だんご。醤油とあん、醤油とごまの2種類があり大710円、小430円（持ち帰り）。

☎0138-67-2104 🏠七飯町大沼町145 🕐8時30分〜18時（商品がなくなり次第閉店）休無休 🚉JR大沼公園駅からすぐ Ｐ4台 MAP P104

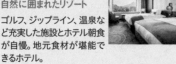

はこだておおぬまぷりんすほてる
函館大沼プリンスホテル

自然に囲まれたリゾート

ゴルフ、ジップライン、温泉など充実した施設とホテル朝食が自慢。地元食材が堪能できるホテル。

☎0138-67-1111 🏠七飯町西大沼温泉 🛏1泊朝食付き8008円〜（1室2名利用の場合）🕐IN15時 OUT12時 🚉JR大沼公園駅から車で10分（無料送迎バスあり）Ｐ230台 ●全292室(T284・他8) MAP P107

ぐりーんぴあおおぬま
グリーンピア大沼

緑の中で味わう別荘気分

森の中のリゾートで、温泉や屋内プール、テニスコートを完備。ホテルのほかコテージやケビンが20棟ある。

☎01374-5-2277 🏠森町赤井川229 🛏1泊朝食付き6600円〜（ケビンは1万3200円）🕐IN15時 OUT10時 🚉JR新函館北斗駅から車で20分（無料送迎バスあり、要予約）Ｐ800台 ●86室(T22、W62、他2) MAP P107

 大沼がある七飯町は、特産品がたくさん。特にリンゴが有名です。

桜の咲くころに行きたい
北の小京都・松前

江戸時代に北前船交易で繁栄した松前は、北の小京都と呼ばれました。
今では桜の名所として有名で、春に訪れる人を華やかな気分に誘います。

✚ まつまえ
松前って
こんなところ

かつて「都めきしところ」とうたわれ、北前船貿易で栄えた松前。北海道で唯一の城下町で、今も歴史ある風景が残っている。古いお寺が点在し、北の小京都とも呼ばれ、春になると桜守といわれる人々が植樹した約250種もの桜が咲き誇る。町中がピンク色に染まる季節がおすすめ。

アクセス

🚃 **電車**:JR函館駅から道南いさりび鉄道で木古内駅まで約1時間、函館バス松前出張所行きに乗換えて約1時間30分、バス停松城下車

🚌 **バス**:函館駅前から函館バス快速松前号で約3時間。バス停松城下車

🚗 **車**:函館市街から国道228号経由で約95km

問合せ 北海道まつまえ観光物産協会
☎0139-42-2726 **MAP** 折込裏B9

ふくやまじょう(まつまえじょう)
福山城(松前城)

国内最後の日本式城郭

安政元年(1854)北方警備のため築城され、戊辰戦争の舞台にもなった。天守は国宝に指定されたが、市街地の火事が飛び火して1949年に焼失。町民の願いから、1960年に三重三階建ての天守が再建された。☎0139-42-2216 🏠松前町松城144 ¥入館360円 🕐4月10日~12月10日の9~17時 🈳期間中無休 🚏バス停松城から徒歩10分 Ｐなし **MAP** P108

▲高台の天守から、津軽海峡や松前の城下町が見渡せる
◀内部は資料館となっており、絵画や鎧などを展示している

モデルコース

START				GOAL
福山城 (松前城)	▶徒歩5分	桜見本園	▶徒歩10分	寺町 ▶徒歩5分 松前藩屋敷

血脈桜の伝説

光善寺で桜の伐採を決めた夜、住職の前に娘が現れ悲しい声で血脈（極楽への手形となる札）を乞うた。娘の希望を叶えた翌朝、桜の枝に先夜の血脈を見つけた住職が、娘は桜の精だと気づき伐採を中止した。

▲光善寺の血脈桜

てらまち
寺町

江戸時代の薫りが残る町並み

福山城（松前城）の北に広がる寺町には江戸時代に15の寺院が立ち並んでいたが、その多くが戊辰戦争で焼失した。現在見られる寺院は、血脈桜で知られる光善寺など5カ寺。北海道開拓以前の歴史が残る街並みとして、北海道遺産に登録されている。

☎0139-42-2726（北海道まつまえ観光物産協会）住松前町松城 ¥散策自由 交バス停松城から徒歩10分 P20台 MAP P108

松前名物が食べたい！

きたまえや
北前屋

松前の郷土料理・松前漬や、海産珍味などのみやげ品を多数取り揃えている。計り売りもOK。

☎0139-42-2891 住松前町福山47 ◯9〜18時 休日曜（GW、お盆、年末は営業）交バス停福山から徒歩1分 P3台 MAP P108

れすとらんやの
レストラン矢野

矢野旅館併設の食事処。松前の地元の味を楽しむならここ。おすすめは、あわび飯や松前漬けなどが付く藩主料理3520円（要予約）。近海産の新鮮なマグロも味わえる。

☎0139-42-2525 住松前町福山123 ◯11時〜20時30分 休無休（10〜3月は木曜定休）交バス停松城から徒歩5分 P50台 MAP P108

▲福山城から第二公園へ続く里桜の途中にある

さくらみほんえん
桜見本園

140種の桜に囲まれよう

藩政時代に持ち込まれたものから松前で生まれた品種まで、140種類480本の桜が見られる。品種ごとに開花時期が異なるため、4月中旬〜5月下旬と長く桜が楽しめる。

☎0139-42-2726（北海道まつまえ観光物産協会）住松前町松城 ¥散策自由 交バス停松城から徒歩10分 P20台 MAP P108

▼江戸時代の建物群が並ぶ

▼建物はどれも細部まで復元されている

まつまえはんやしき
松前藩屋敷

幕末の松前へタイムスリップ

幕末期に、北前船の貿易などにより栄え、8000戸、3万人が暮らした松前の様子を再現したテーマパーク。園内に並んだ廻船問屋や商家、髪結、奉行所などと14棟の建物と、施設内に配された人形が、当時の人々の暮らしぶりをリアルに伝えている。

☎0139-43-2439 住松前町西館68 ¥入場360円 ◯4月上旬〜10月下旬の9〜17時（入館は〜16時30分）休期間中無休 交バス停松城から車で5分 P150台 MAP P108

寺町の光善寺で見られる光善寺白八重桜は、江戸時代に植えられたと推定されています。

古き良き街並みを行く
江差いにしえ街道さんぽ

江戸時代から明治時代初期にかけてニシン漁で栄えた江差には、かつての栄華を語る
建築や史跡が点在しています。歴史スポットが多く残ったいにしえ街道を歩いてみましょう。

江差って こんなところ
えさし

民謡「江差追分」でも知られる江差は、江戸時代から明治初期まで「江差の五月は江戸にもない」といわれるほど、ニシン漁と北前船による交易で栄えた商業港だった。そんな隆盛を極めた時代の商家や寺社などの歴史的な建造物が旧国道沿いに残っていて、「江差いにしえ街道」として整備されている。

アクセス
- バス:函館駅前から函館バス江差ターミナル行きで約2時間。中歌町または姥神町フェリー前下車
- 車:函館市街から国道227号経由で約70km

問合せ
江差観光情報総合案内所☎0139-52-0117
MAP 折込裏C7

モデルコース

START 旧中村家住宅
▼ 徒歩6分
江差追分会館・江差山車会館
▼ 徒歩5分
旧檜山爾志郡役所
(江差郷土資料館)
▼ 徒歩10分
GOAL 幕末の軍艦 開陽丸記念館

◀囲炉裏がある、開放的な造りの母屋
▼国指定の重要文化財

旧中村家住宅
きゅうなかむらけじゅうたく
ニシン漁全盛の時代を今に伝える廻船問屋

江戸時代から海産物の仲買商を営んだ近江商人・大橋宇兵衛が建てた、明治中期の代表的な商家建築。屋敷内では北前船の文献なども見学できる。

☎0139-52-1617 住江差町中歌町22 ¥入館300円 ⊙9～17時 休4～10月無休。11～3月は月曜、祝日の翌日(月曜が祝日の場合、翌日休館)交バス停中歌町から徒歩3分 Pなし MAP P110

老舗！五勝手屋本舗
（ごかってやほんぽ）

明治3年（1870）創業の老舗店「五勝手屋本舗」では、江差名物の五勝手屋丸缶羊かんを販売（1本324円）。北海道産の金時豆で作られる羊かんは、どこか懐かしい味わい。☎0139-52-0022 MAP P110

◀道南エリアらしい建築物
▼江差の歴史を展示している

旧檜山爾志郡役所
（きゅうひやまにしぐんやくしょ）
（えさしちょうきょうどしりょうかん）
（江差町郷土資料館）

北海道内に唯一残る郡役所建造物

明治20年（1887）に桧山郡と爾志郡を管轄する郡役所として建てられた西洋建築。内部には色とりどりの布クロスが修復され貼られている。北海道の有形文化財に指定されている。☎0139-54-2188 🏠江差町字中歌町112 💴入館料300円 🕘9～17時 🈲無休（11～3月は月曜※祝日の場合は翌日）🚌バス停中歌町から徒歩8分 🅿5台 MAP P110

▲2階バルコニーから、街並みや鴎島を一望

幕末の軍艦 開陽丸記念館
（ばくまつのぐんかん かいようまるきねんかん）

軍艦開陽丸で幕末ロマンを体感

榎本武揚（☞P57）も乗った旧幕府軍の旗艦開陽丸は、明治元年（1868）、暴風雪のため江差沖で座礁沈没。復元された開陽丸は、海底より引き揚げられた遺物を展示する資料館となっている。☎0139-52-5522 🏠江差町姥神町1-10 💴入館500円 🕘4～10月の9～17時（券売は～16時30分）🈲11～3月の月曜、祝日の翌日 🚌バス停姥神町フェリー前から徒歩7分 🅿130台 MAP P110

▲同じ建物内にある「えさし海の駅開陽丸」では、特産品などを販売
▶幕末海軍の主要軍艦だった開陽丸

▲江差のシンボルとして知られる鴎島（かもめじま）はニシン漁の舞台だった

江差の名物
が食べたい

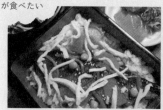

津花館
（つばなかん）

日本海を眺めながら、ニシンの町の名物を味わえる。地元ならではの美味を存分に楽しもう。☎0139-52-5151 🏠江差町橋本町100 🕘11時～14時30分、16時30分～20時 🈲不定休 🚌バス停橋本町から徒歩3分 🅿20台 MAP P110

▲ニシンの甘露煮や数の子がのる、にしん親子膳1100円
▶海に面した席からは、窓越しの江差海岸や鴎島が美しい

江差追分会館・江差山車会館
（えさしおいわけかいかん・えさしだしかいかん）

江差の郷土芸能をご紹介

民謡『江差追分』の実演が見られる。併設する江差山車会館では、毎年8月開催の江差・姥神大神宮渡御祭で巡行する山車を展示。☎0139-52-0920 🏠江差町中歌町193-3 💴入館500円 🕘9～17時 🈲無休（11～3月は月曜、祝日の翌日、年末年始休館）🚌バス停中歌町から徒歩すぐ 🅿20台 MAP P110

▲実演は4月下旬～10月末までの1日3回
▼展示されている、絢爛豪華な山車

ホテルでも
江差を満喫

▲日本海を望める客室がある
▶客室の名前は江差で行われた詩の会で使われたもの

江差旅庭 群来
（えさしりょてい くき）

平屋造りに、ゆったりと配された和風モダンな客室はどれも落ち着いた雰囲気。各室にテラスと源泉かけ流しの風呂が付く。地元の食材を使用した料理も魅力的。☎0139-52-2020 🏠江差町姥神1-5 💴1泊2食付き3万8000円～ 🕒IN15時 OUT12時 🚌バス停姥神町フェリー前から徒歩3分 🅿10台 ●全7室 ●泉質：ナトリウム・炭酸水素塩・硫酸塩泉 ●風呂：内湯 なし（部屋風呂あり）露天 なし MAP P110

渡島半島の端にそびえる
活火山恵山と見どころ満載の大自然

函館市街から東へ約50km、津軽海峡を右手に臨みながらの快適な
ドライブの先には、四季折々の景色が待っています。

恵山ってこんなところ

恵山の山麓に自生するツツジは約60万本といわれている

渡島半島の東端にある恵山道立自然
公園一帯は、火口から迫力のある白
い噴気があがる「活火山恵山」をはじ
め春はエゾヤマツツジが咲き誇り、秋
は紅葉が美しい名所「恵山つつじ公
園」などがある。函館市街から恵山ま
では海沿いを車で走り、天気の良い
日には津軽海峡や下北半島を望む
絶景が見渡せるドライブが楽しめる。

アクセス
🚌 **バス:** JR函館駅から函館バス恵山御崎行
きで約2時間。「恵山登山口」下車
🚗 **車:** 函館市街から車で約1時間

問合せ
函館市恵山支所産業建設課
☎0138-85-2336
MAP 付録裏F8

活火山「恵山」
かつかざん えさん

変化に富んだ自然と白い噴気の立ち上る活火山

▶駐車場から間近に迫る
山肌を感じられる

山頂をめざしてハイキング

中腹の火口原駐車場から山頂までは約2.9km約
60分。整備された登山道からは、緑豊かな草原
を、山頂からは対岸の下北半島の絶景を
一望できます。山頂付近は風が強いので
注意しましょう。

標高618m、渡島半島の先端にあり、白い噴気と荒々しい岩肌が一
面に広がり、独特の景観が見られる活火山。火口原のすぐそばまで
で行くことができ、息をのむ迫力満点の雰囲気を味わうことができる
☎0138-85-2336（函館市恵山支所産業建設課）🏠函館市柏野町 🚗函館市
地から車で約1時間 **P**100台（火口原駐車場）**MAP**P113 ※恵山登山道路
車両が通行できる時間は、午前6時～午後6時

イワシのミニ漁港「袋澗」
（ふくろま）

しけなどで沖揚げできなかったイワシを一時的に保管するための港湾施設。汐首岬付近には明治33年（1900）から約40年続いたイワシ豊漁期に造られた袋澗が現存。**MAP**付録裏F8

恵山岬
えさんみさき

北の大地から望む
どこまでも続く海

函館の市街地から車で1時間半ほどにある、椴法華（とどほっけ）地区の岬で、目の前には太平洋が果てしなく続く。☎0138-86-2111（函館市椴法華支所産業建設課）**MAP**P113

眼下に広がる太平洋の絶景が見どころ

▶空から見る活火山「恵山」

水無海浜温泉
みずなしかいひんおんせん

干潮時に現れる！渚の露天風呂

全国でも珍しい、海辺にある天然の露天風呂（混浴）。恵山火山の熱源による温泉が海岸に湧き出している。☎0138-86-2111（函館市椴法華支所産業建設課）**住**函館市恵山岬町●● **¥**無料 **時**干潮時のみ※天候や高波などにより入浴不可の場合あり **休**無休 **交**JR函館駅から車で約1時間半 **P**20台 **MAP**P113※脱衣室あり、水着着用可

▲海を見ながら温泉を楽しめる人気スポット

鹿部・長万部・札幌方面へ↑
函館市椴法華支所
北海道道231 椴法華港river線
椴法華漁港
恵山岬
278
水無海浜温泉
P 恵山
展望台 **P**
行き止まり ×
恵山つつじ公園
恵山漁港
汐首岬・函館方面へ
函館市恵山支所
北海道道635 本村恵山線
山背泊漁港
登山口バス停
道の駅なとわ・えさん
津軽海峡
N
1km

恵山つつじ公園
えさんつつじこうえん

恵山全体がピンク色に染まる

恵山の山裾にある公園で、エゾヤマツツジが群生。5月中旬から5月下旬に「恵山つつじまつり」を開催。☎0138-85-2336（函館市恵山支所産業建設課）**住**函館市柏野町 **¥**無料 **時**常時開園 **休**無休 **交**函館市街地より車で約1時間、JR函館駅から恵山御崎行きで約2時間「恵山登山口」下車徒歩約30分 **P**250台 **MAP**P113

▲秋になるとサラサドウダンの葉が色づき、紅葉を楽しむ人で賑わう

道の駅なとわ・えさん
みちのえきなとわ・えさん

屋上からは
津軽海峡を一望

国道278号沿い、恵山海浜公園に隣接。昆布ソフトクリームや、昆布製品が揃う。トイレやコインシャワー完備のキャンプ場、トランポリンが設置された子供の広場がある。

▲津軽海峡を一望する海沿いのキャンプ場も隣接

☎0138-85-4010 **住**函館市日ノ浜町31番地2 **時**9～18時（10～3月は9～17時）**休**月曜日（祝日の場合は翌日）**交**函館市街地より車で約1時間 **P**109台 **MAP**P113

悠久の歴史を感じる大地へ
縄文遺跡を見に行きましょう

太平洋を見わたせる大地に築かれた縄文の集落。遺跡を目の前にすれば、海や山の資源に恵まれた豊かな暮らしぶりが目に浮かびます。

縄文遺跡って?

2021年7月、世界遺産に認定された「北海道・北東北の縄文遺跡群」。縄文遺跡からは、約1万5000年前から1万年以上の長きにわたり、採取・漁労・狩猟によって人々が生活した様子や精神文化がうかがえる。道南には、17の構成資産のうち、大船遺跡と垣ノ島遺跡の2つの縄文遺跡がある。

太平洋を見下ろす丘の上にある遺跡

アクセス

🚌 バス:函館駅前から函館バス「鹿部」「古部」「椴法華」行きで、約1時間30分〜1時間40分。垣ノ島遺跡は、バス停垣ノ島遺跡下から徒歩5分、大船遺跡は、バス停大船遺跡下から徒歩10分 ※「古部」「椴法華」行きは南茅部支所前で要乗り換え ※垣ノ島遺跡と大船遺跡間は車で約10分、バスで約8分

🚗 車:函館市街から車で垣ノ島遺跡までは約34km、大船遺跡までは約39km

問合せ

☎0138-25-2030(函館市縄文文化交流センター) MAP 折込裏E7

5 垣ノ島遺跡 大船遺跡
渡島半島
松前半島
228
津軽海峡
279
青森県
鳥田半島
函館空港
恵山岬

おおふねいせき
大船遺跡

竪穴建物跡は2mを超える深さのものも▶

縄文中期の大規模な集落跡

約5500〜4000年前にわたり縄文人が暮らした大規模な集落跡。出土品の中にはクジラやサケなどの骨、カキなどの貝類、クリやクルミなどがあり、水産資源や森林資源が豊富だったことがうかがえる。遺跡では完全復元や骨組み復元などが展示されている。

☎0138-25-2030(函館市縄文文化交流センター) 住函館市大船町 交バス停大船遺跡下下車徒歩10分 料無料 時9〜17時(11〜3月は〜16時) 休無休 P30台函館市郊外 MAP 折込裏E7

▲竪穴建物跡や遺構などからなる広大な集落跡

かきのしまいせき
垣ノ島遺跡

縄文早期から後期にわたる遺跡

約9000〜3000年前と長期にわたり縄文人が定住していたとされる。国内最大級規模の盛土遺構も見つかっている。

☎0138-25-2030 住函館市白尻町 交バス停垣ノ島遺跡下下車、徒歩5分 料入場無料 時9〜17時(11〜3月は〜16時) 休無休 P40台 MAP 折込裏E7

常設展示
国宝
中空土偶
こくほう
ちゅうくうどぐう

◀高さ41.5cmと中空土偶としては国内最大級。造形技術と芸術性の高さがうかがえる

縄文文化を現代に伝える
はこだてしじょうもんぶんかこうりゅうせんたー
函館市縄文文化交流センター

多数の縄文遺跡がある南茅部地区で出土した発掘品を展示。北海道内唯一の国宝・中空土偶をはじめ、子どもの足形を押しつけた足形付土版、狩猟道具など、量や種類も充実した出土品は函館市内における縄文文化の豊かさを伝えている。

☎0138-25-2030 住函館市白尻町551-1 交バス停垣ノ島遺跡下下車、徒歩7分 料入館一般300円 時9〜17時(11〜3月は〜16時30分) 休月曜(祝日の場合は翌日)、毎月最終金曜 P33台 MAP 折込裏E7

▲石器や土器、装飾品など約1200点を展示している

函館の豆ちしき

知っておくとさらに函館トラベルが楽しめる♪
押さえておきたい要チェックポイントがこちら。

映画のロケ地・函館

世界から猫が消えたなら

主人公の「僕」が通う映画館ミナト座として撮影。映画の雰囲気を感じることができると話題になっている。

はこだて工芸舎 **DATA**➡P49
MAPP123C2
DVD販売元：東宝／2016年／主演：佐藤健／監督：永井聡

文学の舞台・函館

尋ね人

谷村志穂／著
新潮文庫刊
函館が舞台の恋愛小説。末期ガンを宣告された母の代わりに、元恋人を探しはじめた娘。いつしか母の想いを自分の恋愛と重ねだす。

©新潮社

函館物語

辻仁成／著
集英社文庫
著者が多感な時期を過ごした函館を、当時の記憶を辿りながらつづったエッセイ。自ら撮影した写真を交えて、ディープな函館を紹介。

祭・イベント

季節毎に全く違った楽しみを発見できるイベント・祭りに参加して、函館の四季を満喫しよう。

4・5月 松前さくらまつり

4月下旬〜5月中旬に開催。松前に咲く250種、約1万本の桜が次々と咲く様子が見られる。郷土芸能などのイベントも。

北海道まつまえ観光物産協会
☎0139-42-2726

5月 箱館五稜郭祭

2日間にわたり五稜郭ならびに市内一円にて開催。戊辰戦争当時の旧幕府軍、官軍に扮して練り歩く「維新行列・音楽パレード」が人気。

箱館五稜郭祭実行委員会
☎0138-51-4785

7月 大沼湖水まつり

大沼の夏の風物詩。明治から100年以上続く伝統的なお祭りで、先祖を供養して大沼湖面に灯籠を浮かべる灯籠流し、花火大会など各種催しが行われる。

七飯大沼国際観光コンベンション協会
☎0138-67-3020

8月 函館港まつり

8月上旬に行われる道南エリア最大の祭り。函館名物のいか踊りは簡単に覚えられるので、市民に混ざってぜひ参加したい。

函館港まつり実行委員会
☎0138-27-3535

8月 江差・姥神大神宮渡御祭

約370年前に始まり、蝦夷地最古の祭りといわれる。由緒ある人形を配し、豪華な装飾が施された山車が街中を巡行する姿は必見。

姥神大神宮祭典協賛実行委員会（江差観光コンベンション協会）☎0139-52-4815

8月 湯の川温泉花火大会

約3000発もの花火が打ち上げられ、なかには函館ならではのイカ型花火も。松倉川の下流付近から花火が打ち上げられる。

函館湯の川温泉旅館協同組合
☎0138-57-8988

12月 函館港イルミナシオン映画祭

「若き才能たちとの出会い」「映画を創る映画祭」をキャッチフレーズに「シナリオ大賞」を設け、11作品を映画化。12月の3日間、市内3会場で催し、多数のゲストを迎え、30本以上の作品を上映している。

函館港イルミナシオン映画祭函館事務局
☎0138-22-1037

12〜2月（予定） はこだて冬フェスティバル

函館の夜を幻想的に彩る冬のフェスティバル。開催期間中、さまざまなイベントが行われる「はこだてイルミネーション」は、元町地区を代表する坂道などが、イルミネーションでロマンチックに飾られる。ほかに、澄んだ冬空に放たれる花火が美しい「はこだて冬花火」なども開催される。

はこだて冬フェスティバル実行委員会
☎0138-27-3535

服装アドバイス

春（3〜5月）

3月は雪の日もある。ダウンジャケットなど防寒具は必携。5月はジャケットをはおる程度の暖かさ。

夏（6〜8月）

晴れの日はカラリとした暑さだが、朝晩は冷えるので、羽織れるものを用意したい。

秋（9〜10月）

日中から肌寒い日が多くなるので、ジャケットが必要。夜は特に気温が下がる。

冬（11〜2月）

コートやマフラー、手袋など防寒グッズを用意。1月には最高気温がマイナスになる日も。

函館へのアクセス

函館へは、函館空港への飛行機を利用するのが一番早くて便利です。鉄道なら、東北・北海道新幹線で新函館北斗駅へ。またフェリーでもアクセスできます。

飛行機で行く

本州から函館空港への直行便があるのは、羽田・中部・伊丹の空港から。羽田空港からの便数は多いが、それ以外の空港からは、羽田空港などで乗り継ぐ方が便利な場合もある。早めの予約で割引運賃を利用しよう。

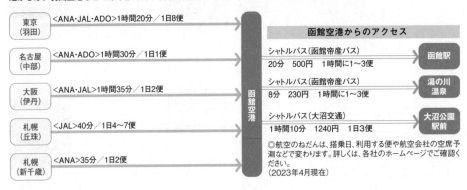

出発地	便・時間
東京(羽田)	<ANA・JAL・ADO>1時間20分／1日8便
名古屋(中部)	<ANA・ADO>1時間30分／1日1便
大阪(伊丹)	<ANA・JAL>1時間35分／1日2便
札幌(丘珠)	<JAL>40分／1日4～7便
札幌(新千歳)	<ANA>35分／1日2便

函館空港からのアクセス

アクセス		行き先
シャトルバス(函館帝産バス) 20分 500円 1時間に1～3便		函館駅
シャトルバス(函館帝産バス) 8分 230円 1時間に1～3便		湯の川温泉
シャトルバス(大沼交通) 1時間10分 1240円 1日3便		大沼公園駅前

◎航空のねだんは、搭乗日、利用する便や航空会社の空席予測などで変わります。詳しくは、各社のホームページでご確認ください。
(2023年4月現在)

鉄道で行く

本州からは東北・北海道新幹線「はやぶさ」を利用して青函トンネルを抜け、新函館北斗駅へ。
道内からは、特急「北斗」に乗車して函館駅へ。

本州から新幹線で

新函館北斗駅で東北・北海道新幹線「はやぶさ」から「はこだてライナー」に乗り継いで行く。

| 東京駅 仙台駅 新青森駅 | 東北・北海道新幹線「はやぶさ」 1～2時間に1本 | 新函館北斗駅 | 「はこだてライナー」 新幹線に接続 | 函館駅 |

●東京駅から
4時間30～55分 2万3760円
●仙台駅から
3時間～3時間50分 1万8170円
●新青森駅から
1時間25～35分 8160円

道内から鉄道で行く

道内各地から函館駅に行くには、稚内・網走・旭川方面からは札幌駅で、帯広・釧路方面からは南千歳駅で、「北斗」に乗り換える。

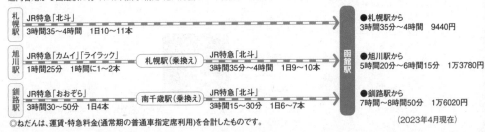

札幌駅	JR特急「北斗」 3時間35分～4時間 1日10～11本			函館駅
旭川駅	JR特急「カムイ」「ライラック」 1時間25分 1時間に1～2本	札幌駅(乗換え)	JR特急「北斗」 3時間35分～4時間 1日9～10本	函館駅
釧路駅	JR特急「おおぞら」 3時間30～50分 1日4本	南千歳駅(乗換え)	JR特急「北斗」 3時間15～30分 1日6～7本	函館駅

●札幌駅から
3時間35分～4時間 9440円
●旭川駅から
5時間20分～6時間15分 1万3780円
●釧路駅から
7時間～8時間50分 1万6020円

◎ねだんは、運賃・特急料金(通常期の普通車指定席利用)を合計したものです。

(2023年4月現在)

高速バスで行く

札幌からは道央自動車道を経由する高速バスが運行され、函館駅前、湯の川温泉に直行している。夜行便もあり、早朝に函館に着けるので朝早くから観光するのに便利。また、東京からの高速バスと青森～函館のフェリーに乗り継ぐ格安ルートもあり、「フェリー＋高速バス」のお得な連絡きっぷを販売している。バスは夜行便で、途中のＳＡなどで休憩しながら走る。

札幌から

◎T＝ターミナル、BC＝バスセンター　　（2023年4月現在）

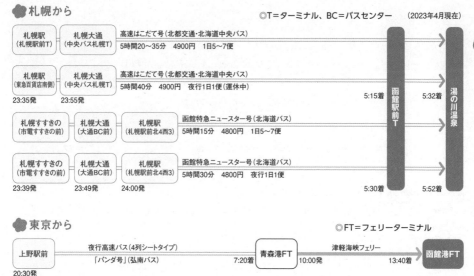

東京から

◎FT＝フェリーターミナル

※「東京・函館きっぷ」利用で6000～1万円（高速バス＋フェリーで、函館港FTまで）。乗車日によってねだんが異なる。
※函館港FT⇒JR函館駅 シャトルバス（所要30分／320円）あり。

☎ 問合せ一覧

航空
●全日空（ANA）
☎0570-029-222
●エア・ドゥ（ADO）
☎011-707-1122
●日本航空（JAL）
☎0570-025-071

鉄道
●JR東日本　お問い合わせセンター
☎050-2016-1600
●JR北海道　電話案内センター
☎011-222-7111
●道南いさりび鉄道
☎0138-83-1977

バス
●函館帝産バス（函館タクシー）
☎0138-55-1111
●大沼交通
☎0138-67-3500

高速バス
●北都交通
☎0138-22-3265
●北海道中央バス
☎0570-200-600
●北海道バス
☎050-3533-0800
●弘南バス
☎0120-923-489

函館ドライブ

道内各地からは、道央道が大沼公園ICまで開通しているので早くてラク。松前・江差や恵山方面などへのシーサイドドライブも楽しみ。道の駅も各所にあるので、のんびり走ろう。

函館へのドライブ

札幌や旭川から

道央自動車道の大沼公園から函館の間は未開通のため、道央道の大沼公園ICから国道5号を利用し、七飯藤城ICから函館新道に入り函館方面へ向かう（大沼公園IC〜函館間は33km）。

- ●札幌→函館　道央道利用（札幌南IC〜大沼公園IC）で312km　6120円
- ●旭川→函館　道央道利用（旭川鷹栖IC〜大沼公園IC）で440km　9920円

本州からのフェリー航路

本州からフェリーを利用して、マイカーで函館へ向かうこともできる。青森〜函館間では、4時間程度と乗船時間も短く、天候の落ち着いた夏場はほとんどゆれないのでおすすめだ。

(2023年4月現在)

航路	所要時間	2等(スタンダード)運賃	自動車運賃※	便数(1日)	運航会社
青森〜函館	3時間40分	2860〜3850円	1万9760〜2万7100円	8便	津軽海峡フェリー
青森〜函館	3時間50分〜4時間	2200〜2700円	1万7500〜2万1500円	8便	青函フェリー
大間〜函館	1時間30分	2320〜3130円	1万5800〜2万1670円	2便	津軽海峡フェリー

◎函館港FT（津軽海峡フェリー）からシャトルバス運行、ラビスタ函館ベイへ（20分/310円）、 JR函館駅へ（30分/320円）
◎函館港（北埠頭）（青函フェリー）からタクシーでJR函館駅へ（10分/1440円(目安)）
※自動車運賃は5m未満（津軽海峡フェリーは6m未満）の乗用車の片道で、ドライバー1名分の2等(スタンダード)運賃を含みます。
※季節により運賃や運航ダイヤなどが変更になる場合がありますので、お出かけの際には必ず最新の情報をご確認ください。

プランニングのヒント

レンタカー予約ではオプションや保険をチェック、夏料金もある

周遊するにはやっぱりレンタカーが便利。予約の際には、オプションや保険などの追加料金を必ず確認しよう。ETCやナビは必須だ。7〜8月などのハイシーズンには、ほとんどのレンタカー会社で「夏料金」としてねだんがアップする。

格安レンタカーも登場

少し離れた観光スポットだけ往復したいときや、最寄り駅から短時間だけ借りるなら、軽自動車12時間2860円〜、コンパクトカー（ヴィッツなど）12時間3080円〜などといったお得なねだんのレンタカー会社もある。オプションや保険は別途必要。ネットで検索するのが探しやすく、大手の会社との差異はホームページでよく確認しよう。予約もネットからできる。

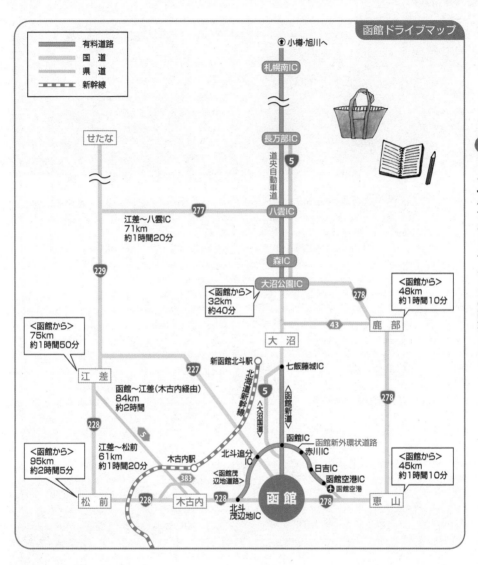

☎ 問合せ一覧

道路情報

●日本道路交通情報センター
函館方面情報　☎050-3369-6651
北海道地方高速情報　☎050-3369-6760
●NEXCO東日本　お客さまセンター
☎0570-024-024
☎03-5308-2424

フェリー

●津軽海峡フェリー
青森　☎017-766-4733
函館　☎0138-43-4545
●青函フェリー
青森　☎017-782-3671
函館　☎0138-42-5561

函館広域図

0　　　　500m

函館市

P125 五稜郭周辺

五稜郭

五稜郭公園前

中央病院前

杉並町　柏木町

深堀町

湯の川温泉

湯の川

Endeavour

望楼NOGUCHI函館

りんさん P.87

湯の川プリンスホテル
P.102 渚亭

純和風旅館
一乃松 P.102

湯の川
観光ホテル祥苑

湯の川 湯元 漁火館
イマジン ホテル＆リゾート
函館 P.102

函館市熱帯植物園 P.101

竹葉 新葉亭

湯の川温泉 P.100

コーヒールームきくち P.101

幸寿司 P.91

やきだんご銀月 P.101

大盛湯 P.101

湯倉神社 P.70・101

香雪園 P.12

津軽海峡

函館湾

P.75 函館海鮮料理 海光房
函館市青函連絡船記念館
摩周丸 P.66
P.98 プレミアホテル-CABIN PRESIDENT-函館
P.98 東急ステイ函館
朝市 灯の湯 P.60
FAV HOTEL函館
P.96 HAKODATE男爵倶楽部
HOTEL&RESORTS
函館港 P.42
P.95 センチュリー
マリーナ函館
氷協同組合-
P.95 函館国際ホテル
Cafe & Deli
MARUSEN P.71
産地地方卸売市場
ラピスタ函館ベイ
ANNEX P.94
92はこだてビール
ラビスタ
函館ベイ P.45
こだて P.46
治館
明治館前
ームライフショップ
イエローグローズ
亀川町
宇宙
はこだて工芸舎
P.49・118
北海道坂本龍馬記念館
レストキャビン キャプテン P.81
祐館
the very very
BEAST P.81
ホテルWBFグランデ函館
印度カレー 小いけ本店
宝来町
阿さ利本店 P.83
日本料理 冨茂登 P.83
スーパー魚長
函館駅周辺
五稜郭駅へ 大沼へ
ルートインググランティア函館駅前
まるごと北海道ストア えぞりすびりねばなは本舗
函館駅 P.67
JRイン函館
かにまん
氷屋 P.91
函館麺屋ゆうみん P.67
函館ひかりの屋台 大門横丁 新川町
滋養軒 P.86 P.79
居酒屋 根ぼっけ
海鮮処 函館山 P.74
ヤン衆漁亭 二代目鮪栄丸 P.74
魚河岸通 蟹鱗一心 P.78
中華風居酒屋
函館いか家 P.75
NHK
函館放送局
はこだて自由市場
やな商店 P.90
函館本線
函館駅
函館駅前
CABIN PRESIDENT-函館
朝
函館朝市
東横INN函館駅前朝市
函館駅前
ニューオーテ
函館駅前郵便局
アパ
ホテル
<函館駅前>
活魚料理
いか清 大門 P.75
コンフォート
ホテル
函館
P.99
東横INN
函館駅前大門
珈琲焙煎工房
函館美鈴 大門店 P.71
スーパー
ホテル函館
ホテルリソル函館
P.99
市役所前
函館国際ホテル
大手町
市役所前
函館市消防本部
市役所前
函館市役所
HAKOVIVA P.67
おんじき庭本函館駅前 P.67
千秋庵総本家 P.67
ホテルハートイン函館
函館水天宮
ホテルサンシティー
函館
松風町
ホテルパコ
函館別亭
ホテル
パコ函館
北海道
函館支庁
278
ホテル函館
ロイヤル
シーサイド
P.70 大森稲荷
旭ヶ岡公園
函館海鮮料理 海寿 P.78
オオテマチ食堂 リッツ
魚市場通
金融公庫前
魚神社
函館旭町局
旭町
あさひ川
あさひ通
グランパレット
函館
龍谷幼稚園
本願寺函館別院
栄町
栄町
函館宝来局
サンリフレ函館
サンリフレ函館
(勤労者総合福祉センター)
善光寺
東川町
たつみ食堂 東川本店 P.89
ホーマックニコット
宝来町
ホタルぱん P.72
café
LAMINAIRE P.29
津軽海峡

函館中心部
0　　　　　200m
N

元町・ベイエリア周辺

0　　100m

N

函館どつく前へ↑

函館市臨海研究所
（沖之口番所跡）P.57

弥生小
P.97 函館元町ホテル

大町

大町

函館市電

新島襄

P.29 ティールーム ヴィクトリアンローズ

函館市
旧イギリス領事館
P.23・37（開港記念館）
P.57 ペリー広場

函館市

中華会館前

ペンション じょう蔵

MOSST REES P.49

新島襄
海外渡航記念碑

緑の島

ペリー提督来航記念碑
旧函館区公会堂 P.22・36
P.23 ハイカラ衣装館

公会堂前

元町公園前

ペンション はいから館

P.37 元町公園
P.22 旧北海道庁函館支庁舎
Jolly Jelly fish元町公園 P.89

基坂

Mi･Casa P.31

海上自衛隊
函館基地隊

P.31 元町田和館
P.71 Flower Picnic Cafe
-HAKODATE-

旧イギリス
領事館

Green Gables P.25
きんぎょ茶屋 P.71

船魂神社卍
ロシア・東欧雑貨直輸入店
チャイカ P.30

旧相馬邸
P.25

日和坂

北海道
第一歩の地碑

函館港 P.42

茶房 菊泉 P.26

函館西高

八幡坂

函館博物館
郷土資料館

函館市文学館 P.42

カリフォルニアベイビー P.89

カトリック元町教会
P.21・36

末広町

赤い靴の少女像 P.43

東浜桟橋前

函館ハリストス正教会
P.20・36

P.97 HakoBA函館 by THE SHARE HOTELS

元町
P.21 日本基督教団
函館教会

函館西波止場 P.43

スターバックスコーヒー
函館ベイサイド店 P.29

ラッキーピエロ マリーナ末広店 P.43

チャチャ登り
眞知山
卍妙福寺

P.88 ラッキーピエロ
ベイエリア本店

P.21 天然酵母
パンtombolo

ラッキーピエロ
ベイエリア本店前

西波止場

観光遊覧船
ブルームーン P.43

函館聖ヨハネ教会
P.21・36

ギャラリー村岡 P.31

大三坂

函館ビヤホール前

函館ヒストリープラザ
P.43

金森赤レンガ倉庫
P.37・43・44

まるたま小屋 P.25

真宗大谷派
函館別院 P.70

cafe やまじょう
P.27

SMALL TOWN
HOTEL Hakodate
P.99

函館物産館・BAYはこだて前
BAY はこだて P.43

金森
ベイクルーズ

ラビスタ函館ベイへ

P.31 1107物語

二十間坂

はこだて恋いちご
洋菓子店

P.43 金森洋物館

和雑貨いろは P.72

山頂駅

P.72 HOTEIYA SANDWICH STAND
P.80 OZIO

自家焙煎珈琲
Café TUTU P.49

P.47 はこだて
海鮮市場本店

はこだて
明治館

函館山ロープウェイ

五島軒本店 レストラン雪河亭

ロープウェイ前

南部坂

函館市地域交流
P.23 まちづくりセンター

P.49 茶房 旧茶屋亭

街角
クレープ P.72

明治館前

JR函館駅へ

山麓駅

P.27 cafe Drip Drop

P.81 Kitchen Bar BORDER

ホテル函館山

登山口

アクロス
十字街
（企業局）

十字街

函館ベイ
P.43 美食倶楽部

回転寿司
まるかつ水産本店
P.77

函館山

十字街

元町

北海道坂本龍馬
記念館

海岸通

函館写真館
發祥之地

ラ・ジョリー元町 P.95

末広町

P.26 茶房ひし伊

高田屋
嘉兵衛

電車通

函館どつく前へ

弥生町

函館市電

弥生坂

北海道坂本龍馬
記念館

ホテルWBF グランデ函館

宝来町

高田屋通

本願寺
函館別院 卍

宝来町
青柳町へ

魚市場通へ

※金森赤レンガ倉庫の店舗は地図内の表を参照。

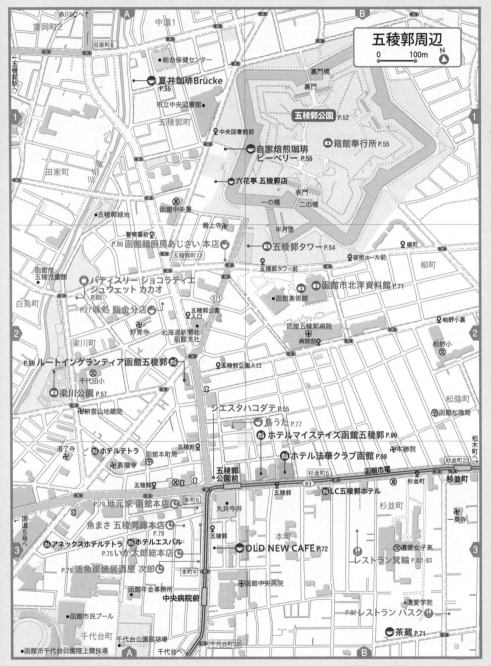

五稜郭周辺

0　　　100m

富岡町2
赤川ICへ→
中道1
田家町6

総合保健センター

夏井珈琲Brücke P.55

市立中央図書館

五稜郭町

中央図書館前

自家焙煎珈琲 ピーベリー P.55

五稜郭公園 P.52

箱館奉行所 P.55

田家町

六花亭 五稜郭店

表門

函館中央署

一の橋　二の橋

五稜郭緑地

最上寺

半月堡

警察署前

函館麺厨房あじさい本店 P.86

五稜郭タワー P.54

柳町

五稜郭町12

芸術ホール前

柳町

函館市 五稜児童館

五稜郭タワー前

パティスリー ショコラティエ ジュウェット カカオ P.85

函館市北洋資料館 P.71

白鳥町

P.77 味処 鮨金分店

五稜郭公園 入口

函館美術館

柏野小裏

妙覚寺

北海道新聞社 函館支社

函館五稜郭病院

柏野小

梁川町

病院前

松陰町

ルートイングランティア函館五稜郭 P.99

五稜郭公園入口

千代田小

函館松陰局

梁川公園 P.57

耕雲山地蔵院

シエスタハコダテ P.55

島うた P.77

遼了寺

ホテルテトラ

ホテルマイステイズ函館五稜郭 P.99

本勝院

函館本町駅

ホテル法華クラブ函館 P.99

高龍寺

五稜郭

杉並町23

柏木町

五稜郭 公園前

五稜郭

函館市電

杉並町

一乗寺

P.79 地元家 函館本店

杉並町6

LC五稜郭ホテル

本町6

魚まさ 五稜郭総本店 P.79

丸井今井

本町

杉並町

アネックスホテルテトラ

ホテルエスパル

P.75 いか太郎総本店

五稜郭

OLD NEW CAFE P.72

遺愛女子高

P.79 活魚炭焼居酒屋 次郎

本町4

レストラン箕輪 P.82・83

函館年金事務所

遺愛学院

中央病院前

函館中央病院

P.82 レストラン バスク

函館市民プール

茶蔵 P.71

千代台町

千代台公園庭球場

千代台へ

千代台町23

函館市千代台公園陸上競技場

INDEX さくいん

 ▨ チェック・観光みどころ 🛕 寺院 ⛩ 神社 ⚡ プレイスポット 🍴🍽 レストラン・食事処 ☕ カフェ・喫茶 🍶 居酒屋・BAR

みやげ店・ショップ　宿泊施設　温泉・立ち寄り湯

ココミル♡ 函館

北海道❷

楽しい旅へ
出かけよう♪

2023年6月15日初版印刷
2023年7月1日初版発行

編集人：金井美由紀
発行人：盛崎宏行
発行所：JTBパブリッシング
　　　　〒135-8165
　　　　東京都江東区豊洲5-6-36　豊洲プライムスクエア11階

編集・制作：情報メディア編集部
編集デスク：小川佳津
取材・編集：えんれいしゃ／結静楓舎（岩渕てつ子／岩渕結花／澤田寿也／
藤山かおり）／グルーポ・ピコ（今福直子／田中健作／嘉数千夏）／
安田敦子／小川浩之

アートディレクション：APRIL FOOL Inc.
表紙デザイン：APRIL FOOL Inc.
本文デザイン：APRIL FOOL Inc.
カルチャーランド（斉藤美歩／安井美穂子）／
snow（萩野谷秀幸）／和泉真帆
イラスト：平澤まりこ
撮影・写真：武居台三（グルーポ・ピコ）／結静楓舎（澤田寿也／岩渕結花）／
関係各市町村観光課・観光協会・施設／pixta
地図：ゼンリン／千秋社／ジェイ・マップ
組版・印刷所：凸版印刷

編集内容や、商品の乱丁・落丁の
お問合せはこちら

JTB パブリッシング お問合せ 🔍

https://jtbpublishing.co.jp/
contact/service/

本書に掲載した地図は以下を使用しています。
測量法に基づく国土地理院長承認（使用）R 2JHs 293-096号
測量法に基づく国土地理院長承認（使用）R 2JHs 294-046号

●本書掲載のデータは2023年4月末日現在のものです。発行後に、料金、営業時間、定休日、メニュー等の営業内容が変更になることや、臨時休業等で利用できない場合があります。また、各種データを含めた掲載内容の正確性には万全を期しておりますが、お出かけの際には電話等で事前に確認・予約されることをお勧めいたします。なお、本書に掲載された内容による損害賠償等は、弊社では保障いたしかねますので、予めご了承くださいますようお願いいたします。●本書掲載の商品は一例です。売り切れや変更の場合もありますので、ご了承ください。●本書掲載の料金は消費税込みの料金ですが、変更されることがありますので、ご利用の際はご注意ください。入園料などで特記のないものは大人料金です。●定休日は、年末年始・お盆休み・ゴールデンウィークを省略しています。●本書掲載の利用時間は、特記以外原則として開店（館）〜閉店（館）です。オーダーストップや入店（館）時間は通常閉店（館）時刻の30分〜1時間前ですのでご注意ください。●本書掲載の交通表記における所要時間はあくまでも目安ですのでご注意ください。●本書掲載の宿泊料

金は、原則としてシングル・ツインは1室あたりの室料です。1泊2食、素泊に関しては、1室2名で宿泊した場合の1名料金です。料金は消費税、サービス料込みで掲載しています。季節や人数によって変動しますので、お気をつけください。●本誌掲載の温泉の泉質・効能等は、各施設からの回答をもとに原稿を作成しています。

本書の取材・執筆にあたり、
ご協力いただきました関係各位に厚くお礼申し上げます。

おでかけ情報満載　https://rurubu.jp/andmore/

233218　280022
ISBN978-4-533-15480-5　C2026
©JTB Publishing 2023
無断転載禁止　Printed in Japan
2307

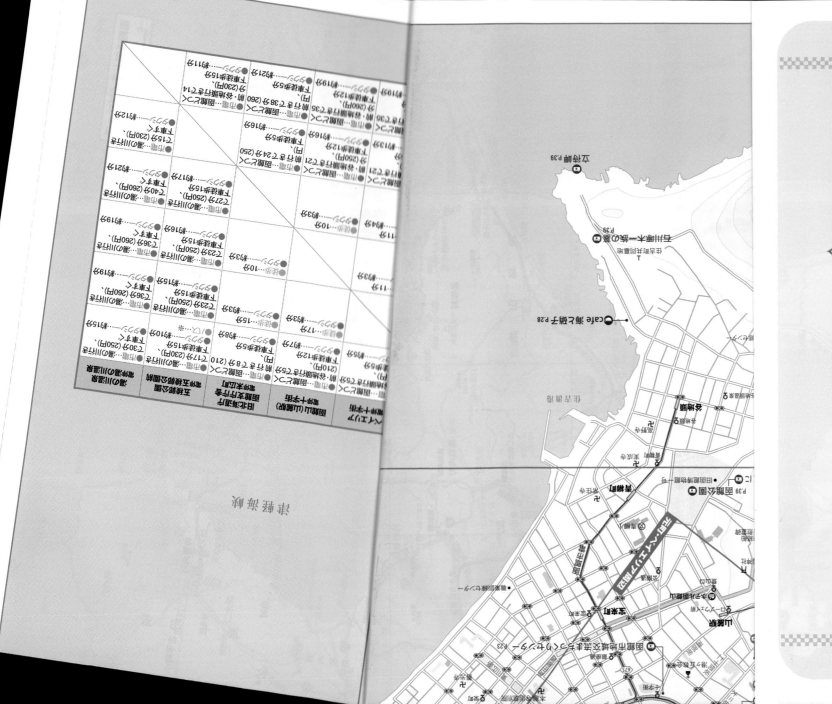

取りはずして使える

ココミル✦
函館

折込MAP

〔表〕
❖ 函館中心部
❖ 元町・ベイエリア周辺

〔裏〕
❖ 函館近郊ドライブマップ

行き先は
コチラです♪

函館湾

函館港 P.40

函館漁港

西埠頭

金森ベイクルーズ

万代埠頭

中央埠頭

五稜郭
公園前

アネックス
ホテルテトラ

五稜郭へ

ホテルエスパル

丸井今井

杉並町駅へ

本門寺 卍

中央病院前

函館中央病院

柳屋 P.71

深瀬医院

共愛会病院

函館松川局

千代台公園
陸上競技場

オーシャン
スタジアム

五稜郭周辺 本文P125

中島小

千代台

函館中部高

新川遊廓

亀田川

新川公園

函館千代台局

函館時任町

中部小

函館赤十字病院

函館地方裁判所

堀川町

函館市電

光慶寺

巴中

節かけ通

P.99 コンフォートホテル
ルートイングランティア函館

の地碑 P.56

函館地方法務局

昭和橋

千歳町

スープカリー喰堂 吉田商店 P.89

北海道電力

日の出町駅

日の出通

プレミアホテル－CABIN PRESIDENT

函館市臨海研究所 P.57
（沖之口番所跡）

函館市青函連絡船記念館摩周丸 P.66

JRイン函館
P.59

JR函館

金刀比羅神社 卍

函館音楽文化センター

函館日乃出局

函館バスセンター

工方・啄木浪漫館

湯の川・函館空港へ

藤島神社 卍

マックスバリュ

函館どつく前

P.57 ペリー会見所跡

入舟町

馬場寺通

函館弁天局 〒

弥生坂

P.32 外国人墓地

称名寺通

国華山 高龍寺 卍

高竜寺前

東本願寺函館別院 卍

大町

函館市文学館 P.42

函館大町局

東横INN函館駅前朝市

川町

函館朝市

ホテル
ニューオー

P.60

NHK函館放送局

函太郎 宇賀浦本店 P.77

P.39 啄木小公園

啄木小公園

啄木記念碑

カフェテリア
P.29・33 モーリエ

称名寺 P.56

地蔵寺前

船見町

緑の島

海上自衛隊
函館基地隊

新島襄の像

HAKODATE男爵倶楽部
HOTEL&RESORTS

アパホテル（函館駅前）

P.96

成田山別院 卍

ホテル
サンシティー函館

大森公園

大森稲荷神社 卍

旧ロシア領事館

船見公園 P.33

P.23 函館市旧イギリス領事館

P.37 元町公園

旧北海道庁函館支庁庁舎
P.22

堂宮通

彌生小

公会堂前

中華会館前

中華會館

観光遊覧船
ブルームーン P.43

水産物地方卸売市場
（函館漁市場）

函館国際ホテル
P.95

市役所前

ホテルパコ函館別亭

ホテルパコ
函館

ヤル

十字街

大喜寺 卍

P.22・36

旧函館区公会堂

P.23 ハイカラ衣装館

P.25 旧相馬郎

ペリー広場 P.57

ペリー提督
来航記念碑

元町公園前

旧イギリス領事館

金森洋物館・
BAYはこだて前

金森赤レンガ倉庫 P.37・43・44

はこだてビール前

はこだて明治館

明治館前

赤い靴
の少女像 P.43

日向坂

基坂

八幡坂

元町

金森ベイクルーズ

金森ベイ
P.45

魚市場通

グラン